A arte de unir retalhos

Todos nós sabemos que a beleza do patchwork é incontestável. No entanto, a sua essência é ainda mais singular. Ou seja, de retalho em retalho, é possível criar peças lindíssimas. E não seria assim na vida também? Por vezes, não temos algo de concreto pronto. No entanto, juntando um retalho de sabedoria, outro de criatividade, outro retalho de persistência, somos também capazes de dar origem a ideias sensacionais.
Nas páginas a seguir, apresentamos peças tradicionais do patchwork e também aquelas que envolvem costura criativa. Por isso, dividimos este guia em duas partes. Quer saber mais sobre a diferença entre essas técnicas? É só ler a matéria que fizemos com a professora Márcia Satiko, que ainda ensinou uma manta infantil e um pé de cama belíssimos.
Mas não é só. Um time de artesãs de primeira linha ensinam diversas outras peças, tais como nécessaire para bebê, panô, manta de sofá, almofada, mala de viagem, ecobag e por aí vai!
E se você ainda não tem muita familiaridade com os termos do patchwork, elaboramos um glossário com a explicação de diversas palavras que são muito utilizadas neste universo. Vale a pena conferir!
Ah, não deixe também de ler as dicas que o apresentador Dotan Mayo aborda sobre artesanato. Sempre de bem com a vida, ele dá orientações imperdíveis!
Por fim, o nosso muito obrigada a todos que colaboraram nesta edição. Tenha a certeza que fizemos cada página a seguir com extremo carinho. Por isso, contemple cada detalhe e solte a sua imaginação para criar!

Um beijo de toda a equipe,

Aline Ribeiro

redacao@editoraonline.com.br
facebook: Portal de Artesanato

Apenas uma laçada do que ainda está por vir...

Patchwork

Costura Criativa

CIP-BRASIL. CATALOGAÇÃO NA PUBLICAÇÃO
SINDICATO NACIONAL DOS EDITORES DE LIVROS, RJ

G971

Guia faça fácil artesanato com Patchwork --. [5. ed.] - Barueri, SP : On Line, 2017.

ISBN 9788543222264

1. Artesanato - Estudo e ensino. I. Título.

17-45137 CDD: 372.5
CDU: 373.3:7

03/10/2017 06/10/2017

É BOM saber...

Antes de começar a realizar qualquer peça de patchwork, fique por dentro das principais ferramentas que deve ter em mãos, bem como os materiais essenciais para dar vida à arte de unir retalhos

Por Aline Ribeiro • Fotos: Shutterstock • Agradecimentos a Professora Márcia Satiko

O patchwork trabalha com a junção de tecidos de várias cores, texturas e formas que, quando costuradas juntas, são capazes de criar belos mosaicos e desenhos geométricos. É importante ter cautela e começar a realizar peças básicas, posteriormente intermediárias e somente depois partir para os trabalhos mais elaborados.

Nas páginas deste guia, é possível conferir que a harmonia das cores dos retalhos é o ponto alto para garantir uma peça de encher os olhos! Contudo, antes de você colocar seus sonhos, ou melhor, suas peças em prática, confira itens básicos que precisa ter e entender sobre uma das artes mais apaixonantes que existem. Tome nota!

ROTARY CUTTER
45 mm
ROTARY CUTTER

FERRAMENTAS MAIS USADAS

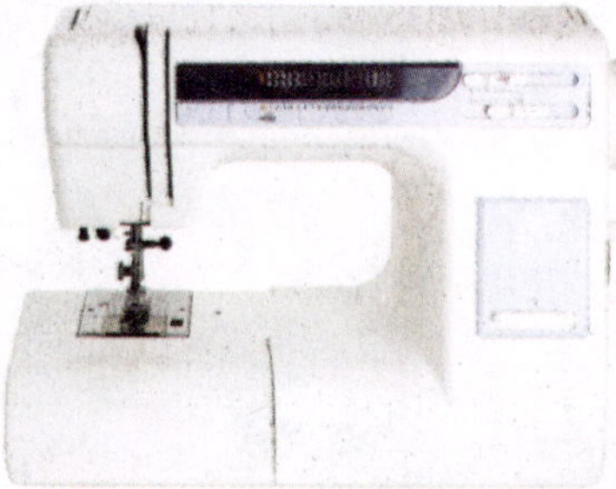

• MÁQUINA DE COSTURA

É um aparelho utilizado para unir ou prender partes de tecidos ou outros materiais flexíveis com linhas ou fios.

A máquina de costura é usada na fabricação de peças de vestuário, acessórios, bolsas de tecido, entre outros utilitários. Existem vários tipos de máquina de costura, entre eles as mais comuns são a doméstica e a industrial.

A máquina industrial possui somente um tipo de ponto, o ponto reto. Já as máquinas domésticas costumam ter pontos elaborados e decorativos, porém são mais lentas do que as máquinas industriais.

• PLACA DE CORTE

É uma superfície plana, feita de borracha, com marcações semelhantes às de uma régua. A placa, junto com a régua de patchwork, serve para fazer cortes com precisão na sua superfície sem danificar a sua mesa.

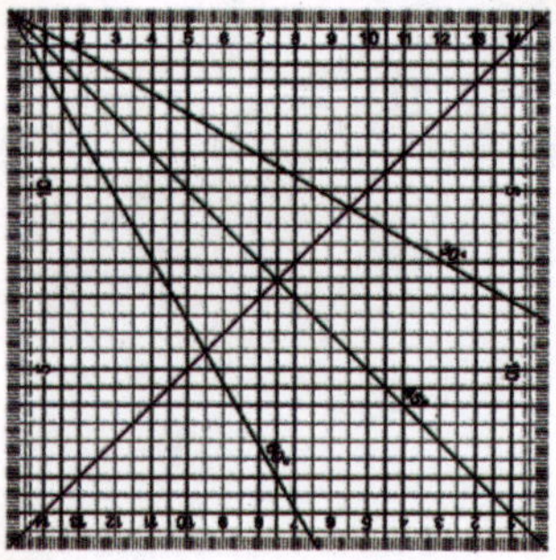

• RÉGUA DE PATCHWORK

Diferente de uma régua como a conhecemos, as réguas de patchwork são "tábuas" transparentes com medidas que servem como guia na hora de cortar os tecidos.

No patchwork, a precisão do corte é fundamental. Você pode encontrar diferentes tipos de réguas, com formatos e tamanhos variados, cada uma serve para um corte específico, porém a mais recomendada para começar é a retangular.

• FERRO DE PASSAR

Os mais comuns são elétricos, secos ou a vapor. Eles são essenciais no patchwork, pois ajudam a alisar bem os tecidos e garantem que os cortes e as costuras fiquem perfeitas. Também ajudam com certos materiais que precisam de calor para serem ativados, como o tecido termocolante ou canetas apagáveis que somem com o calor (popularmente conhecidas como "canetas fantasminhas").

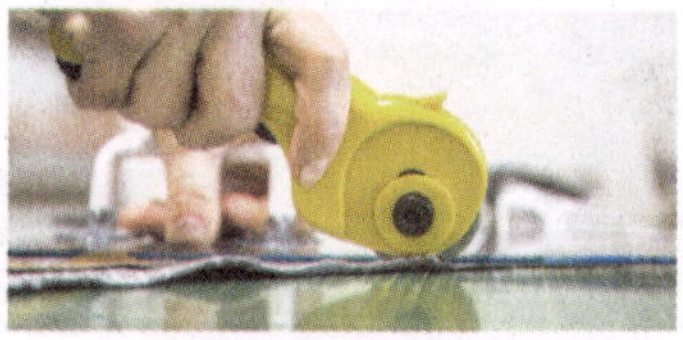

• ROTARY OU CORTADOR CIRCULAR

Ideal para cortar várias camadas de tecido, papel, feltro e vinil. A lâmina pode ser utilizada em qualquer lado do cortador, portanto é confortável para canhotos e destros.

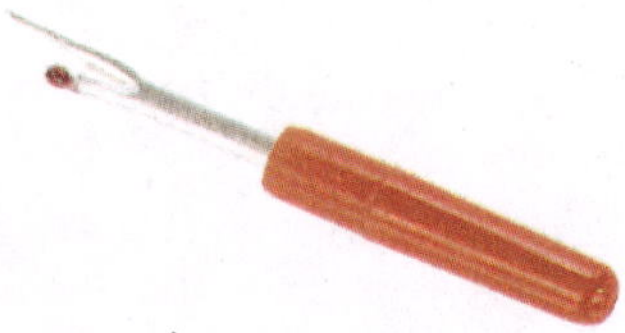

• ABRIDOR DE CASAS OU DESMANCHA PONTO (*SEAM RIPPER*, EM INGLÊS):

Serve para desfazer costuras. Se a linha saiu um pouco torta, você pode desfazer facilmente a costura com essa ferramenta sem perder o trabalho inteiro.

MATERIAIS MAIS USADOS

• TECIDO DE ALGODÃO

No patchwork é ideal usar o tecido 100% algodão ou tecidos similares, porque eles não deslizam ao serem colocados uns sobre os outros. Isso ajuda a sobrepor a entretela e o forro em camadas e costurar as partes.

• MANTA ACRÍLICA (*BATTING*, EM INGLÊS)

A função da manta é dar maciez e firmeza à peça de patchwork. Você pode encontrar no mercado diferentes espessuras do material e escolher aquele que for mais adequado ao seu projeto.

• FORRO

É o verso da peça de patchwork. Serve para segurar a manta acrílica no lugar e como base para o patchwork.

• LINHA

A mais usada é a de algodão. A linha deve ser forte e resistente, porém flexível o suficiente para poder fazer a costura reta e a costura decorativa.

CORTES MAIS FÁCEIS DE FAZER:

NINE PATCH (NOVE QUADRADOS)

Esse é o corte mais fácil de fazer e de costurar. A professora Márcia Satiko recomenda que esse seja seu primeiro corte no mundo do patchwork. São feitos nove cortes quadrados idênticos e costurados.

TRIÂNGULOS PERFEITOS

Esse é um dos cortes mais fáceis de fazer. Márcia Satiko também recomenda esse corte para quem está começando. Para fazer o triângulo, corte um quadrado de tecido ao meio, na diagonal. Costure os triângulos intercalando as cores, para fazer uma composição como a que você vê nesta figura.

LOG CABIN

Nessa técnica clássica, um pequeno quadrado no meio é o ponto de partida. Daí, as tiras de tecido são costuradas em volta desse quadrado, intercalando as cores claras e escuras. No modelo mais clássico de todos, o quadrado central é vermelho. Forma-se uma espécie de "escadinha" que divide o lado das cores escuras e o das cores claras. Existem variações de desenhos deste corte e as possibilidades de criar peças diferentes são infinitas.

"CAMINHO DE BÊBADO"

É uma técnica bem tradicional de união dos quadrados. A diferença é que esses quadrados são compostos por dois tecidos unidos por duas partes cortadas em curva, sendo uma côncova e outra convexa. A partir daí, vários desenhos podem ser criados com a disposição desses quadrados.

Márcia Satiko

Ela é professora de patchwork e leciona cursos presenciais e online sobre a técnica. Aqui, especialmente para nós, revela dicas preciosas sobre a arte de unir retalhos. Tudo, é claro, em um bate-papo delicioso!

Por Aline Ribeiro • Fotos: Fernanda Venâncio

A professora Márcia Satiko ensina a fazer esta manta infantil nas próximas páginas deste guia. Aprenda com ela!

• NO QUE CONSISTE A TÉCNICA DE PATCHWORK?

O patchwork é uma arte têxtil e consiste na junção de pequenos pedaços de tecido, formando desenhos geométricos de forma harmoniosa. As técnicas de patchwork são muito variadas e foram criadas conforme o tipo de retalhos que se tinha à disposição.

• QUAIS AS DIFERENÇAS ENTRE PATCHWORK E COSTURA CRIATIVA?

No patchwork, há a utilização das técnicas próprias dessa arte para a criação de uma peça decorativa ou utilitária. Já a costura criativa é a confecção das mesmas peças, porém, sem o resultado geométrico da junção dos retalhos de tecido (embora possa se utilizar dois ou mais tecidos coordenados).

• PARA OS INICIANTES EM PATCH, QUAIS SÃO AS TÉCNICAS MAIS INDICADAS?

Para quem quer começar a se aventurar na arte de fazer patchwork, é necessário lançar mão de um curso presencial ou online ou até mesmo seguir um livro e aprender técnicas e blocos básicos, tais como Nine Patch, Triângulos Perfeitos, Log Cabin, Barrados em seminole e outras técnicas mais simples.

• JÁ PARA QUEM ESTÁ NO NÍVEL INTERMEDIÁRIO, QUAIS SÃO AS COMPOSIÇÕES/TÉCNICAS DE PATCH MAIS INDICADAS?

Em um nível intermediário, a quilter (assim chamamos quem faz patchwork) já poderá se aventurar em técnicas mais desafiadoras como Bargello, Caminho do Bêbado e Paper Piecing simples.

Nestas peças, é possível notar os diferentes blocos que é possível fazer com a arte do pacthwork.

• E PARA QUEM ESTÁ EM NÍVEL AVANÇADO, PODE REALIZAR QUAIS TÉCNICAS DE PATCHWORK?

No nível avançado, já podemos ousar com técnicas que utilizem os tecidos em ângulo como Lone Star, Paper Piecing de várias fases, Estrela de oito pontas e costuras com cantos mitrados e montagem de colchas em ângulo (como a peça pé de cama que ensinamos neste guia).

• NO QUE CONSISTE O FOUNDATION?

O foundation é uma técnica de patchwork onde se costura sobre uma base. Nos Estados Unidos, utiliza-se um material chamado freezer paper e não se costura no papel. O risco só é utilizado para seguir o desenho do motivo. Diferente do Paper Piecing, onde segue-se o risco no papel e costura-se sobre ele. O papel é retirado posteriormente, mas há materiais solúveis em água para facilitar tal técnica.

• POR QUE O PATCHWORK ESTÁ SENDO CADA VEZ MAIS VALORIZADO?

Entre os anos 2000 e 2010, o patchwork teve um grande salto na indústria artesanal e conquistou muito espaço em revistas e em feiras brasileiras. A indústria de materiais para essa área voltou sua atenção e investiu pesado em tecidos, estampas, máquinas e ferramentas para o patchwork. Felicidade para nós, quilters brasileiros, que podemos dispor de uma grande variedade de produtos para enriquecer nossos trabalhos. Ao mesmo tempo, os adeptos dessa arte foram aprimorando seus conhecimentos e habilidades e ganhando cada vez mais destaque no Brasil e internacionalmente também.

• QUAIS SÃO AS PRINCIPAIS FEIRAS DE PATCH QUE EXISTEM NO BRASIL E NO MUNDO?

A feira pioneira especializada em patchwork no Brasil é o "Festival do Quilt e Patchwork de Gramado" (http://www.festivalquiltpatchwork.com.br/). Em São Paulo, temos a "Brazil Patchwork Show" e a "SP Patchwork Design", sempre ocorrendo no 1º e 2º trimestre do ano. Ainda há a "Patch & Art" que divide seu espaço com outros tipos de artesanato. Internacionalmente, acredito que a maior e mais famosa seja a feira de Houston, o "Quilt Festival Houston".

• PARA QUEM QUER ACOMPANHAR SEU TRABALHO E SUAS AULAS, O QUE PODE FAZER?

O melhor caminho é seguir minha rede social onde compartilho todos os trabalhos que desenvolvo, bem como minha agenda de cursos presenciais e online.

www.facebook.com/MarciaSatiko.Patchwork/

Criação: Silvana Fazito Ziolli • Fotos: Fernanda Venâncio

Sousplat DE PÉTALAS

MATERIAIS:

- Retalhos de tricoline (8 estampas)
- 50 cm de piquet
- Tesoura
- Máquina de costura
- Ferro
- Cortador
- Alfinetes
- Caneta esferográfica
- Moldes

PASSO A PASSO

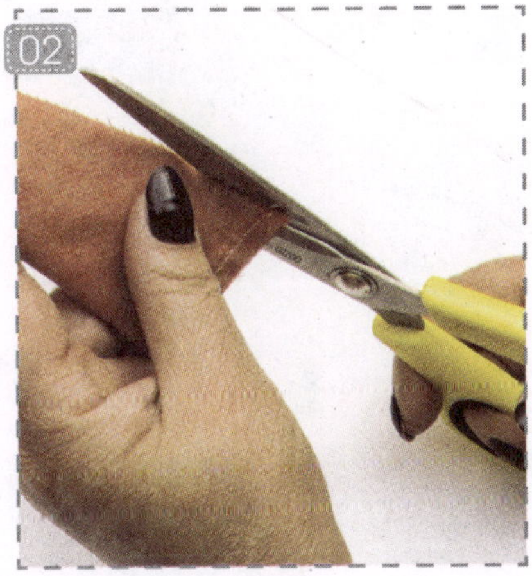

01. Com a caneta, transfira os moldes para os retalhos de tecido. Para fazer as 16 pétalas que compõem o sousplat, são necessárias duas estampas de cada molde. Transfira o molde circular para o tecido piquet.
02. Com a tesoura ou o cortador, corte os tecidos riscados, deixando 0,5 cm de margem para costura.
03. À máquina, faça uma costura reta pelo lado avesso na parte maior da largura de cada peça. **Atenção:** a costura não é no comprimento, e sim na largura!

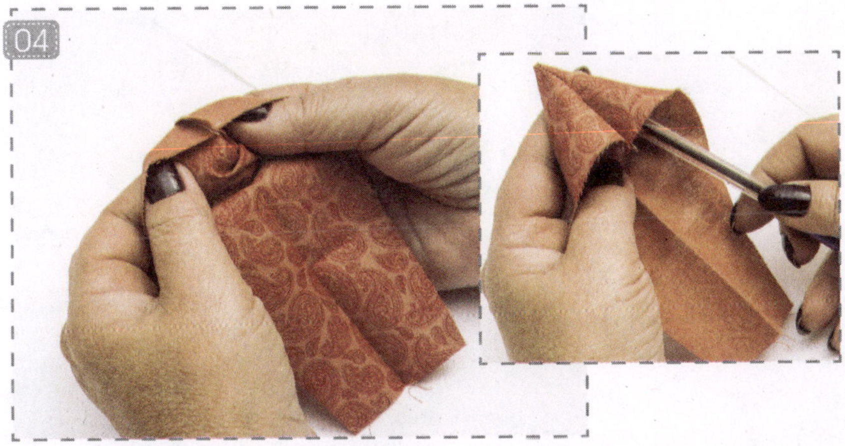

04. Desvire os tecidos para o lado direito. **Dica:** use uma caneta para abrir bem as pontas de cada pétala.
05. Passe a ferro cada pétala para assentar a costura.

06. Una um dos lados, sendo avesso com avesso, de duas pétalas e costure à máquina. Vá costurando, lado a lado, até formar um círculo de pétalas.
07. Passe a ferro para assentar bem a costura.

08. Posicione o tecido piquet em cima das pétalas (você vai precisar de cerca de 40 cm de piquet). Alfinete o tecido piquet nas pétalas, a fim de firmá-lo bem. **Dica:** deixe 4 cm de sobra das pétalas. Com a tesoura, corte o tecido bem rente às pétalas. Desvire a peça para o lado avesso pela abertura circular e, à máquina, costure a peça, passando a costura por cada extremidade da pétala. Desvire a peça para o lado direito.
09. Posicione o círculo de piquet na frente das pétalas e alfinete. À máquina, faça uma costura em volta do círculo. Para assentar bem a costura, passe a ferro.

MOLDES – ESQUEMA DE MONTAGEM

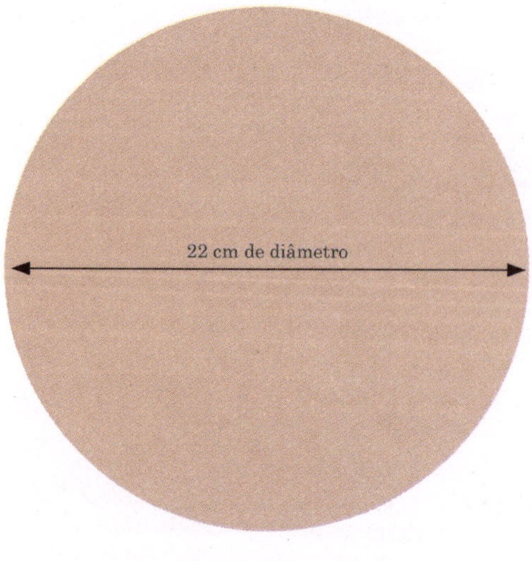

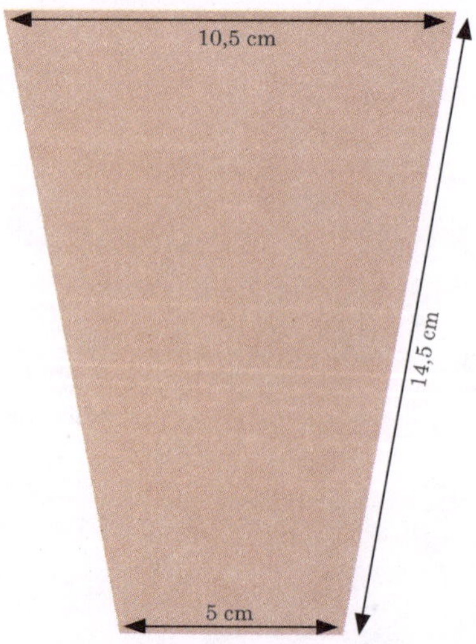

5º
Festival
de PATCHTUDO
e Pintura
14 a 17 de junho de 2018
Quinta a Domingo
Hotel Majestic
Águas de Lindóia, SP
Saia da rotina e aprenda coisas novas!
Muita diversão!
Novas amizades!
Aprenda novas técnicas e leve para casa peças exclusivas!
Hospedagem 4 dias e 3 noites;
Pensão completa (exceto bebidas);
Transporte;*
5 cursos práticos (material incluso);
Programação de lazer (Bingo, Karaokê);
Muitas surpresas!
Inscreva-se agora!
(11) 3888-1308
(11) 99945-2797
www.ateliecomvoce.com.br
Realização:
Ateliê na TV
viajando com você
O pacote acima inclui: hospedagem por pessoa de 4 dias e 3 noites no Hotel Majestic em Águas de Lindóia - SP, com pensão completa (exceto bebidas e o almoço de quinta-feira), coffee break entre os cursos, 5 cursos com duração de 5h cada, material para a elaboração das peças e seguro viagem*Ônibus fretado de São Paulo: Barra Funda, Rod. Tietê, Aeroportos de Guarulhos e Congonhas. Pagamento: em até 10x no cartão de crédito (Mastercard, Visa, Dinners); boleto bancário (verificar prazos). Preços diferenciados somente para moradores da região. Venda de pacotes vinculada à disponibilidade. Vagas limitadas. Data e local do evento podem ser alteradados. Imagens meramente ilustrativas.

Manta e almofada

COM A TÉCNICA QUILLOW

Criação: Nina Barcia • Fotos: Fernanda Venâncio

MATERIAIS:

- **Tecidos:**
2 m de tecido de algodão floral
4 m de tecido de algodão bege
0,5 m de tecido de algodão terracota
0,5 m de tecido de algodão verde com pintinhas marrom
0,5 m de tecido de algodão salmão
- Linha de costura de cor bege
- 2,5 m de manta Jade 200 g PEGORARE (sendo 2 m para a manta e 0,5 metro para a almofada)
- Cortador circular de tecido
- Tesoura
- Alfinetes
- Régua para Foundation bloco Pineapple
- Base de corte
- Papel-cartão
- Ferro de passar
- Máquina de costura
- 0,5 m de entretela fina e sem cola, 0,5 metros
- Molde (apresentado no final desta edição)

PASSO A PASSO

01. Sobre a base de corte e com a ajuda da régua e do cortador, corte 20 quadrados de 21 x 21 cm no tecidos verde floral e 20 quadrados com a mesma medida no tecido bege.
02. À máquina, costure formando 8 faixas com 5 quadrados, alternando os tecidos floral verde e o tecido bege. **Dica:** é importante começar as faixas alternando o início com cada cor. Esse procedimento é essencial no momento de unir as faixas, o que irá possibilitar a alternância das cores.

03. Com o ferro de passar, tombe as costuras para o lado do tecido mais escuro. Reserve.
04. À máquina, costure as 8 faixas, formando o quadrado.
05. Para as bordas, corte 2 faixas de 16,5 cm x 104 m e 2 faixas de 16,5 por 2 m para as laterais do comprimento do tecido bege.

06. Com o alfinete, prenda as faixas com os tecidos direito com direito (bordas superior e inferior com 16,5 m por 104 m.
07. À máquina, costure as faixas. Tombe as costuras para o lado da faixa da borda e passe a ferro.
08. Com o auxílio da régua, marque a sobra de tecido e corte o excesso de faixa. Repita esse processo com as faixas no sentido do comprimento.

09. Para montar a manta, posicione a manta acrílica com a medida de 2 m e sobreponha o tecido com o patchwork virado para cima.
10. Com o tecido bege na medida de 2 m por 1,5 m, sobreponha o tecido trabalhado pelo lado do avesso, juntando os tecidos pelo lado direito. Alfinete todo o trabalho pelas bordas, juntando as partes.
11. Com a tesoura, recorte o excesso de tecido bege.

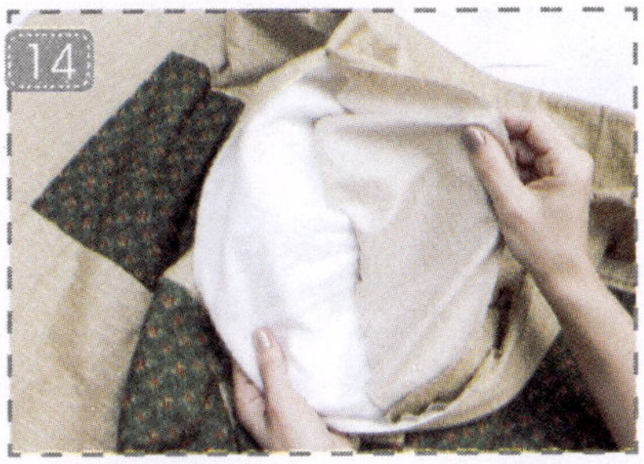

12. À máquina, costure toda a lateral, deixando na borda inferior uma abertura central de 50 cm.
13. Com a tesoura, corte o excesso da manta ao redor do trabalho.
14. Desvire a peça.

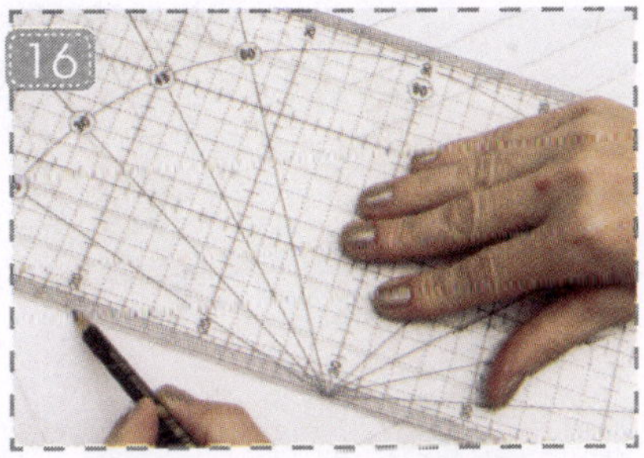

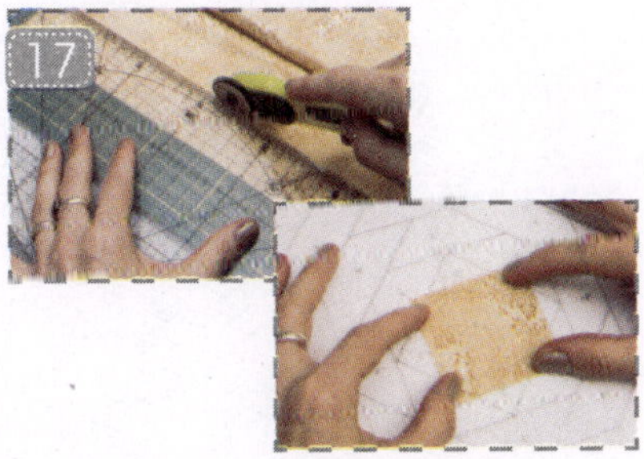

15. Faça um quilt reto em cima da união dos quadrados. Esse processo ajuda a manter a manta unida. Reserve a peça.
16. Com o auxílio da régua, transfira o risco do molde do bloco para a entretela, formando um quadrado de 48,5 cm por 48,5 cm.
17. No tecido de cor salmão, corte um quadrado de 5,5 cm por 5,5 cm. Ele ficará 1,5 cm a mais que o risco.

18. Com o alfinete, prenda o quadrado centralizado sobre a entretela, sendo do lado do avesso da entretela.
19. Com a tesoura, recorte uma tira de tecido bege de 13,5 cm x 8 cm. Com os alfinetes menores, una os dois tecidos, direito com direito.
20. Vire a entretela e, à máquina, costure, unindo os 2 tecidos.

21. Desvire a entretela e tire os alfinetes. Tombe o tecido para o lado, deixando o direito do tecido para cima.
22. Desvire a entretela e posicione o cartão sobre a linha do número 2.
23. Dobre a entretela sobre o cartão.

24. Com a régua de foundation, posicione a saliência da régua sobre o cartão que está embaixo da entretela.
25. Com o cortador, recorte a sobra do tecido. Essa operação deve ser feita por toda a volta do número 2.
26. De acordo com o gráfico, recorte tiras no tecido terracota e costure-o, fechando as pontas do bloco anterior. Repita essa operação até o final do bloco, respeitando as cores de acordo com a foto.

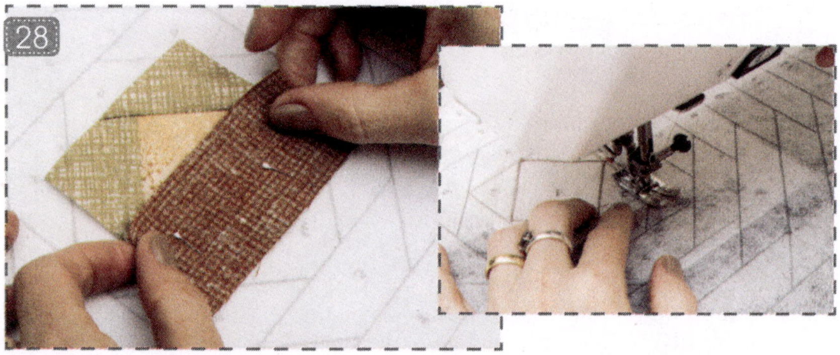

27. Com o quadrado já finalizado, posicione sobre a manta acrílica.
28. Com alfinetes, prenda as 2 partes e passe à máquina com costura ziguezague.

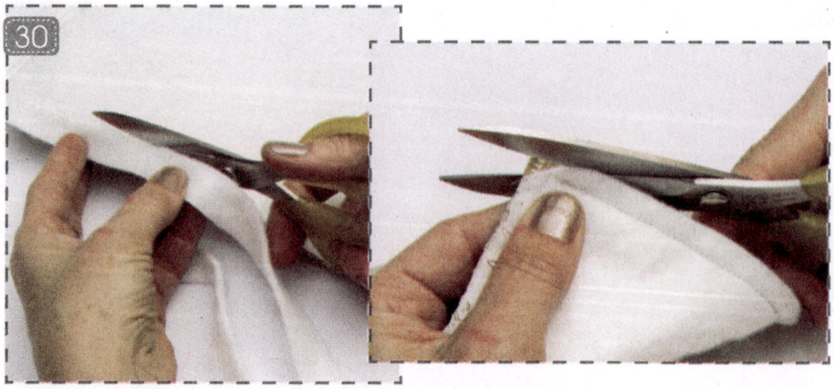

29. No tecido bege, recorte um quadrado de 48,5 cm x 48,5 cm. Posicione em cima do trabalho, sendo direito com direito. À máquina, costure as 3 laterais, deixando uma aberta.
30. Com a tesoura, recorte o excesso de tecido com a manta. Corte os bicos das pontas.

31. Com o auxílio do rachi , acerte as pontas.
32. Dobre a manta ao meio, na parte inferior, onde estará a parte aberta. Com a tesoura, dê um pique para marcar o centro da peça.
33. Estique a manta e posicione o pique da manta com o da almofada. Esse processo irá garantir a centralização na união das peças, deixando as 2 partes viradas para cima.

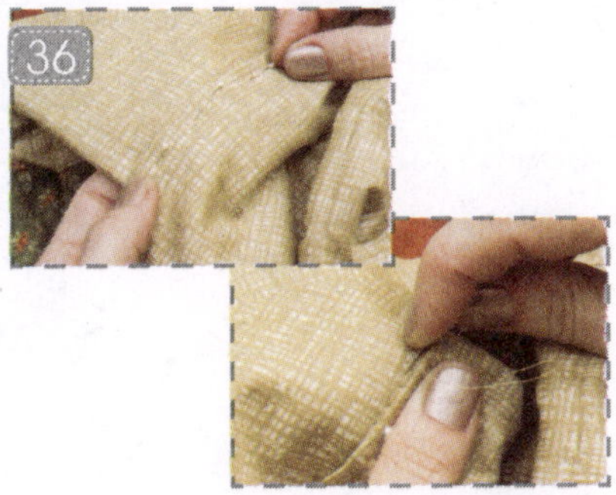

34. Alfinete deixando a parte do forro no tecido bege da manta sem prender.
35. À máquina, passe uma costura reta.
36. Retire os alfinetes e feche a parte aberta com ponto invisível, virando a dobrinha para dentro, fazendo a barra e dando um melhor acabamento à peça.

37. Vire o trabalho no lado bege do forro, dobrando a almofada por cima e deixando o trabalho da almofada para dentro.
38. Passe as duas laterais da almofada à máquina com ponto reto.
39. Vire a peça sobre uma mesa com o trabalho de patchwork para cima. Dobre as duas laterais para o centro, seguindo as laterais da almofada.

40. Dobre ao meio no sentido do comprimento e dobre novamente ao meio.
41. Desvire o trabalho, enfiando as mãos por dentro da almofada.
42. Acerte os cantos, formando a almofada.

Criação: Márcia Satiko • Fotos: Fernanda Venâncio

Peseira PARA CAMA DE CASAL

Tamanho final:
73 x 230 cm aproximadamente.

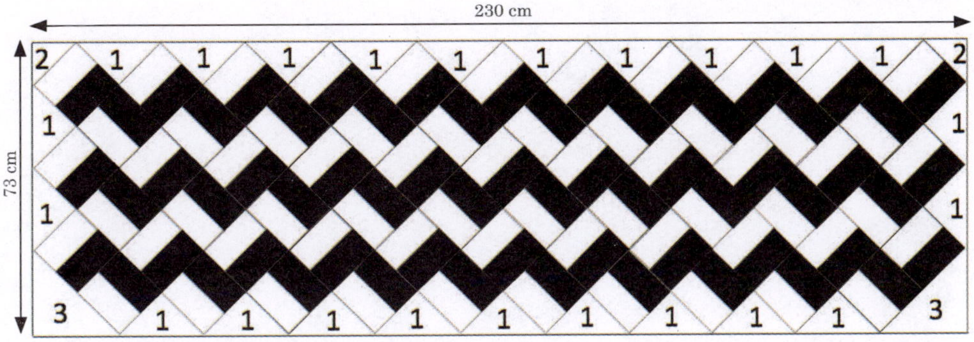

MODO DE FAZER

Tamanho do bloco =
15 cm
São necessários 63 blocos no total.

Plano de corte:
corte 8 tiras do tecido de fundo com 9 cm (largura total). Corte de tecidos variados tiras suficientes para montar os 63 blocos.

Na hora da costura, tome cuidado de não encostar 2 blocos do mesmo tecido, a fim de garantir o efeito do patchwork.
Você pode dividir a quantidade de blocos pela quantidade de tecidos que tiver. Por exemplo, se tiver 7 tecidos: então, divida 63 por 7 e terá que fazer 9 blocos de cada cor.

Dica: faça blocos a mais e monte uma ou duas almofadas combinando!

Triângulos nº 1:
Corte 6 quadrados de 27 cm.
Corte cada quadrado na diagonal 2x. Assim, irá ter ao todo 24 triângulos (vamos usar 23).

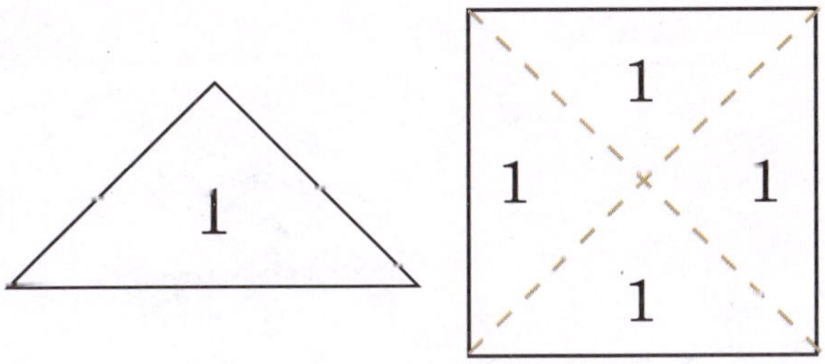

Triângulos nº 2:
Corte 1 quadrado de 15 cm. Corte o quadrado na diagonal 1x. Assim, irá ter ao todo 2 triângulos.

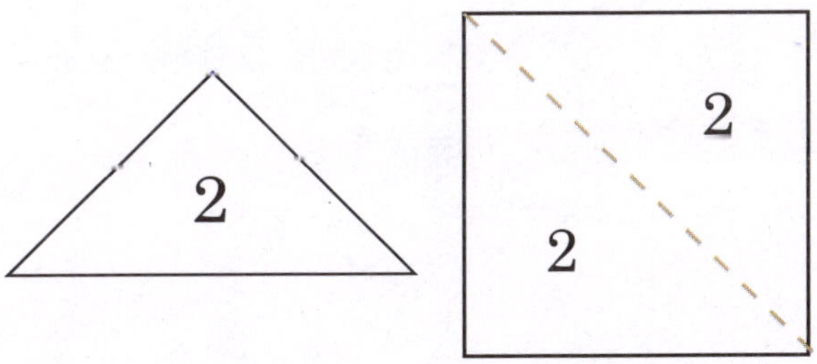

Triângulos nº 3
Corte 1 quadrado de 25 cm. Corte o quadrado na diagonal 1x. Assim, irá ter ao todo 2 triângulos.

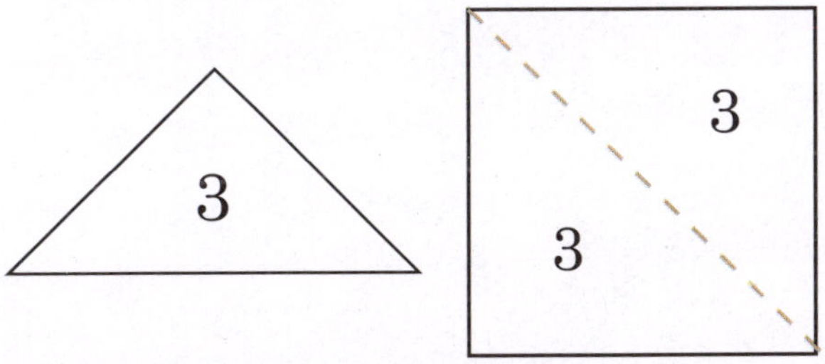

Atenção: sempre identifique os triângulos com fita-crepe!

Tira de acabamento: corte 5 tiras de 6 cm pela largura do tecido e emende-as. É preciso ter um mínimo de 6,30 metros de faixa contínua.

Criação: Patrícia Muller • Foto: Fernanda Venânci

Bolsa floral

MATERIAIS:

- 60 cm de tecido estampado
- 20 cm de tecido escuro
- 60 cm de tecido claro para detalhes
- 60 cm de tecido para o forro da bolsa
- 50 cm de entretela para foundation
- 60 cm de manta polly 200R1
- 1 alça de couro
- Acessórios para patchwork

MONTAGEM

- Na extremidade de baixo da técnica, costure o tecido estampado com a medida 55 x 60 cm, vire e passe a ferro. Assim, você terá todo o lado externo da bolsa. Cole a manta e quilte como preferir.
- Meça 5 cm para dentro nas extremidades em que será costurado o zíper e corte na diagonal para baixo (figura 2).

- Encontre o centro do top, que será em 42,5 cm, e corte um retângulo de 11 x 19 cm, conforme o desenho. Esses cortes serão as caixas de leite da peça.
- Costure o tecido do fundo, formando um tubo. Introduza um retângulo de manta polly 200 R2 de 40 X 19 cm.
- Costure este retângulo bem ao centro da peça por fora, encontrando as extremidades nos cortes.
- Coloque o forro, direito com direito sobre o topo. Costure uma parte do zíper em cada extremidade, entre os tecidos, embutindo o mesmo.
- Desvire e rebata bem perto da costura.
- Coloque o cursor no zíper, fechando-o.
- Desvire a bolsa para o avesso, puxe o forro para um lado e o topo para o outro, a fim de fechar as laterais. O zíper fica ao centro. Feche tudo e costure as caixas de leite que já estão cortadas.
- Faça uma abertura no forro, desvire a bolsa e feche com pontos invisíveis.
- Coloque o forro para dentro.
- Instale a alça de couro com 15 cm de distância no centro.

MODO DE FAZER:

Corte:

- 1 retângulo de 50 x 80 cm de entretela
- 24 quadrados de 9,5 cm de tecido floral
- 39 retângulos de 9,5 x 3,5 cm de tecido marrom-escuro
- 20 quadrados de 3,5 cm de tecido azul-claro
- 1 retângulo de 55 x 60 cm de tecido estampado
- 1 retângulo de 85 x 60 cm de manta polly R1
- 1 quadrado de 40 x 40 cm de tecido escuro para o fundo
- 1 retângulo de 19 x 40 cm de manta polly 200R1
- 1 retângulo de 84 x 60 cm de tecido para o forro

1. Risque, na entretela, do lado colante, traços horizontais e verticais com distâncias de 9,5 cm e 3,5 cm, sendo intercalados (figura 1).
2. Posicione nos espaços os tecidos cortados.
3. Passe com o ferro para que colem as peças.
4. Pelo avesso, dobre o primeiro risco, de uma direção e costure todo com um pé de máquina.
5. Dobre as outras linhas na mesma direção e costure da mesma forma.
6. Terminadas todas as linhas de uma direção, faça piques nos encontros das linhas no sentido transversal.
7. Dobre cada sobra para um lado, a fim de formar o freio, dobre as linhas e costure todas. Corte os excessos de entretela.

MEDIDAS - ESQUEMAS DE MONTAGEM

Figura 1

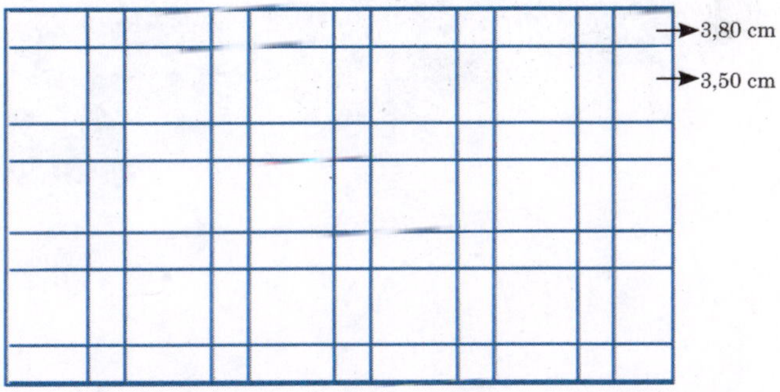

Figura 2

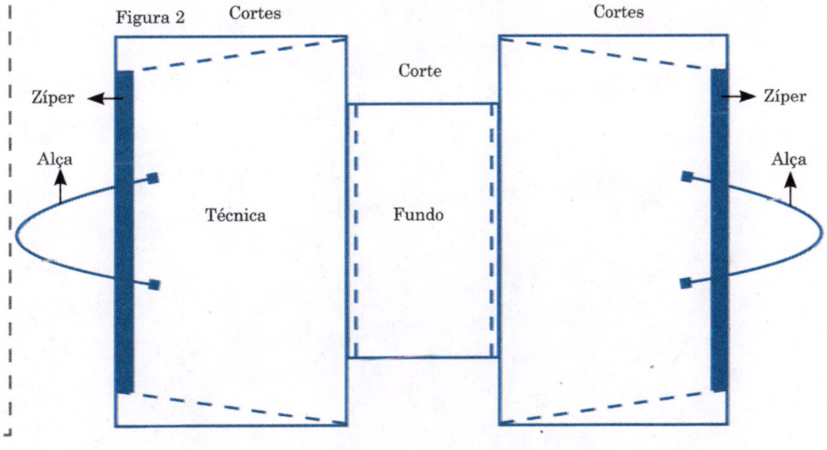

Criação: Patrícia Muller • Foto: Fernanda Venâncio

Mala Rainha

COM LATERAIS

MATERIAIS:

- 50 cm de tecido floral
- 50 cm de tecido bege com poá
- 60 cm de tecido para o forro
- 60 cm de manta R2
- 60 cm de zíper
- 1 cursor
- 1 alça de couro

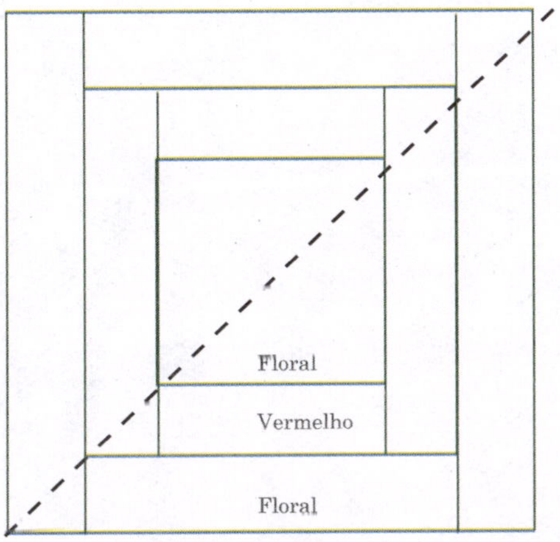

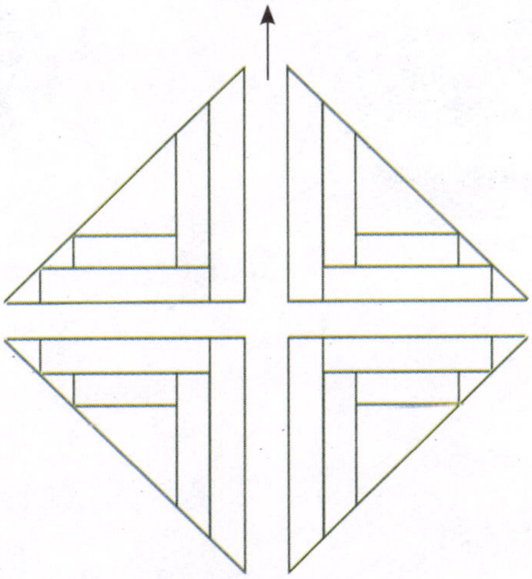

MODO DE FAZER:

1. Para a técnica chamada "Desconstrução da Escadaria da Rainha", corte:
   - 4 quadrados de 4 polegadas do tecido floral
   - 3 tiras de 2 polegadas do mesmo tecido floral
   - 4 tiras de 1 ½ polegadas do tecido bege com poá

2. Inicie costurando uma tira do tecido bege com poá de um lado e uma do outro do quadrado, paralelamente. Em seguida, costure uma faixa em cima e uma embaixo do quadrado, paralelamente também.

3. Costure da mesma forma o tecido floral ao redor deste bloco. Repita o mesmo procedimento em mais um quadrado.

4. Com dois blocos prontos, corte cada um na diagonal, somente uma vez. Vire as pontas das quatro partes dos blocos para dentro, formando um novo quadrado.

5. Una os mesmos com as faixas do tecido bege com poá. Repita todo o processo com os outros quadrados e tiras.

6. Junte os dois blocos lado a lado. Assim, você já tem a frente de sua mala!

Corte:
- 2 faixas de 5 x 60 cm de tecido bege com poá
- 1 retângulo de 35 x 60 cm de tecido bege com poá
- 1 retângulo de 30 x 60 cm de tecido floral

Costure na sequência: faixa de 5 x 60, bloco da frente, 35 x 60 cm bege com poá, 30 x 60 cm floral e, por fim, faixa de 5 x 60 cm de bege com poá.

Corte:
- 1 retângulo de 1 m x 60 cm de manta
- 1 retângulo de 1 m x 60 cm de forro

Dois moldes de lateral em tecido principal, manta e forro. Monte o sanduíche completo e quilte.
Viés para acabamento das laterais de 5 cm.

7. Monte o topo do trabalho com manta e TNT e quilte como quiser.

8. Coloque o topo quiltado, sendo direito com direito, sobre o forro. Costure uma parte do zíper em cada extremidade, entre os tecidos, embutindo o mesmo. Desvire e rebata bem perto da costura.

9. Coloque o cursor no zíper, fechando-o.

10. Costure, por fora, as duas laterais da bolsa, centralizando-as bem. Finalize com o viés.

11. Instale as alças com uma distância de 17 cm entre elas.

Criação: Paula Kondo • Fotos: Fernanda Venâncio

Almofada
COM PATCH DOBRADURA

MATERIAIS:

- 1 m de tecido de algodão estampado
- 1 m de tecido de algodão liso
- 50 cm de manta resinada
- 5 meia-pérolas com furo
- Enchimento siliconado

PASSO A PASSO DA DOBRADURA

VOCÊ VAI PRECISAR DE...

- 5 quadrados de 20 cm x 20 cm do tecido estampado
- 4 quadrados de 10 cm x 10 cm do tecido liso

01. Com o ferro, passe bem o quadrado de tecido. Dobre o tecido ao meio e passe novamente para vincar. Dobre novamente o tecido e passe a ferro.

02. Abra o quadrado de tecido e leve as pontas ao centro. Passe a ferro para vincar.
03. Vire para o outro lado, dobre a lateral de uma das pontas até o centro, assim como mostra a imagem, e passe novamente a ferro. Faça isso com todas as laterais. **Atenção:** passe sempre com o biquinho do ferro, a fim de não perder os vincos anteriores.

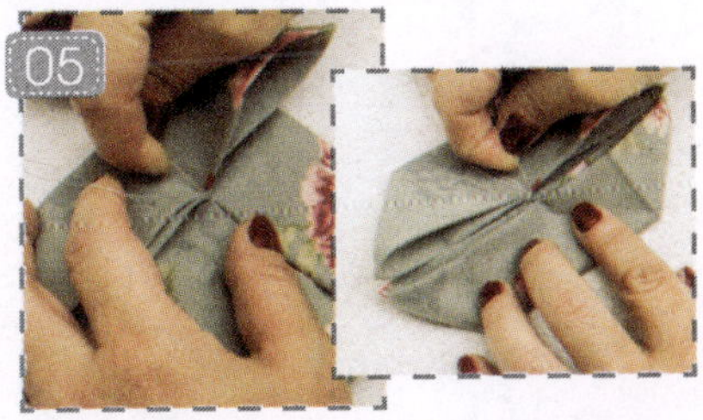

04. Com a linha e a agulha, passe a linha bem ao centro do tecido e dê um ponto.
05. Una uma lateral ao centro e dê um ponto. Una a outra lateral e dê mais um ponto. Arremate. Com a tesoura, corte o excesso da linha.

VEJA COMO DEVE FICAR A SUA PEÇA!

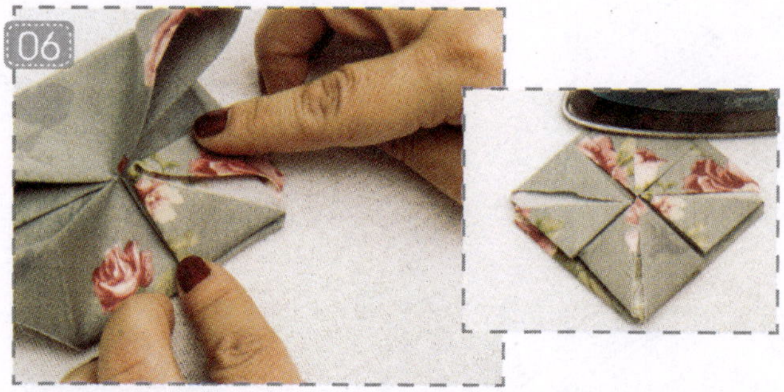

06. Abra o quadrado de tecido e leve as pontas ao centro. Passe a ferro para vincar.
07. Vire para o outro lado, dobre a lateral de uma das pontas até o centro, assim como mostra a imagem, e passe novamente a ferro. Faça isso com todas as laterais. **Atenção:** passe sempre com o biquinho do ferro, a fim de não perder os vincos anteriores.

MONTAGEM

01. Intercale as cinco dobraduras realizadas com os quatro outros tecidos, a fim de formar 9 blocos (nine patch).
02. Sobreponha o tecido liso sobre o tecido com a dobradura, direito com direito, e costure à máquina (margem de um pé de máquina). Costure o tecido liso no outro tecido com dobradura. Faça o mesmo procedimento mais duas vezes, formando três faixas. À máquina, costure as emendas das três faixas.

RECEITA

01. Corte uma faixa do tecido liso com a medida 45 cm x 120 cm. Com essa faixa, contorne o bloco de dobradura, assim como mostra o esquema abaixo.

02. Corte uma faixa do tecido floral com a medida de 10 cm x 70 cm. Costure-a nas laterais da peça, assim como mostra o esquema abaixo.

03. Corte uma faixa do tecido floral com a medida 4,5 cm x 100 cm. Costure na parte superior e inferior do bloco.

04. Ao término, abra as "pétalas" da flor de dobradura. Dê pontos invisíveis nas extremidades das pétalas para ficarem abertas.

01

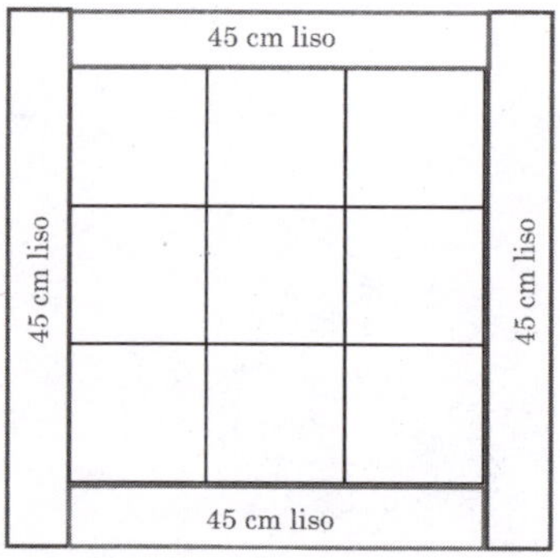

02

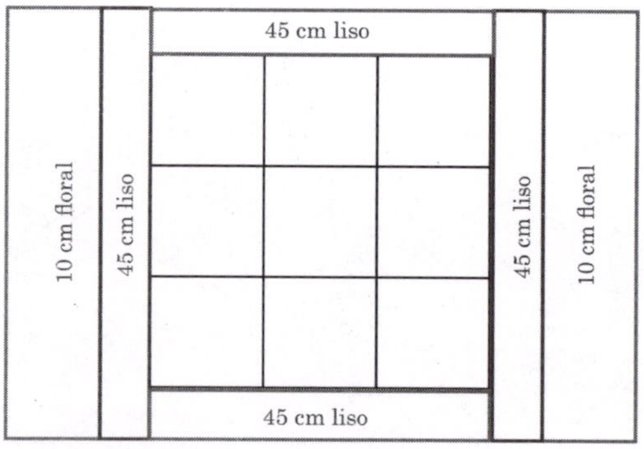

03

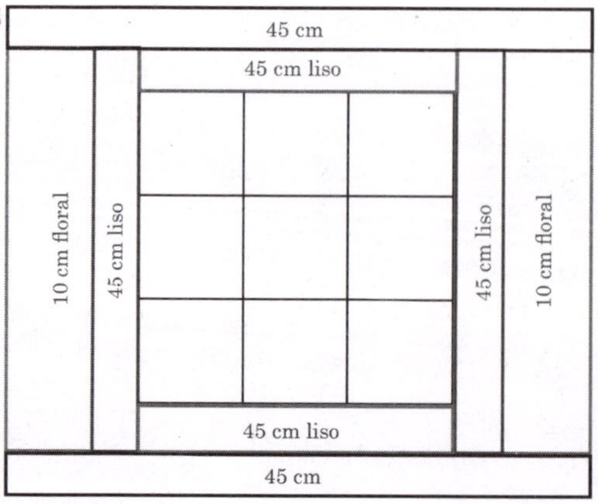

05. Para a parte detrás da almofada: corte uma faixa de 50 cm (largura) x 42 cm (altura) do tecido floral. Coloque a manta no avesso e quilt como quiser. Depois de quiltado, refile na medida de 40 cm (largura) x 40 cm (altura).

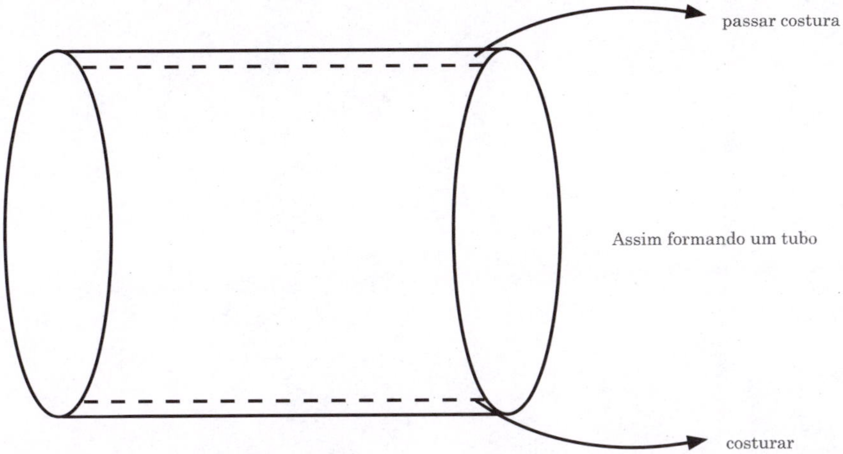

06. Coloque as duas partes prontas da almofada, sendo direito com direito, e passe uma costura nas partes superior e inferior da almofada.

07. Corte duas faixas de 48 cm (largura) x 40 cm (altura) do tecido do forro. Costure como a parte de fora da almofada. Coloque esse forro, sendo avesso com avesso, na parte de fora da almofada. Passe uma costura nas duas laterais (uma costura de segurança).

08. Prepare as faixas para o laço: corte oito faixas de 8 cm x 45 cm. Costure as laterais pelo comprimento e desvire. Prenda quatro faixas na parte da frente, sendo duas de cada lado, e quatro faixas na parte detrás, sendo duas de cada lado.

09. Corte duas faixas de 6 cm x 80 cm. Faça o viés para as laterais do tubo.

10. Para fazer a almofada de dentro: corte duas faixas de 60 cm x 38 cm do tecido liso. Coloque direito com direito e feche toda a volta, deixando uma abertura para completar com o enchimento siliconado. Feche com pontos invisíveis. Faça os laços nas laterais da almofada!

Criação: Lia Toledo • Foto: Fernanda Venâncio

Toalha de lavabo

COM BARRADO EM SEMINOLE

Você sabia?

SEMINOLE É UMA TÉCNICA DE PATCHWORK ORIGINALMENTE USADA NA ORNAMENTAÇÃO DE ROUPAS POR UMA TRIBO DE ÍNDIOS NATIVOS AMERICANOS, OS "SEMINOLE". ATUALMENTE, ESTES ÍNDIOS OCUPAM TERRITÓRIOS DA FLÓRIDA E OKLAHOMA, NOS EUA.

MATERIAIS:

- Tecidos para découpage e patchwork de cores amarela e pink, da Estilotex
- Base de corte
- Régua para patchwork
- Cortador circular
- Apetrechos de costura
- Caneta apagável ("fantasminha")

MODO DE FAZER:

1. No tecido de cor amarela, corte duas tiras na largura e no comprimento que desejar (irá depender do tamanho da peça a ser trabalhada), lembrando de acrescentar 0,75 cm de cada lado para margem de costura. No tecido de cor pink, corte uma tira com as mesmas medidas do tecido amarelo.

2. À máquina, costure as faixas, sendo direito com direito, e deixando a tira de cor pink ao centro.

3. Na peça obtida, corte faixas a 45° com a mesma medida da largura que foram cortadas as tiras.

4. Costure conforme a figura abaixo, onde as tiras centrais devem se encontrar, alternando uma para cada lado.

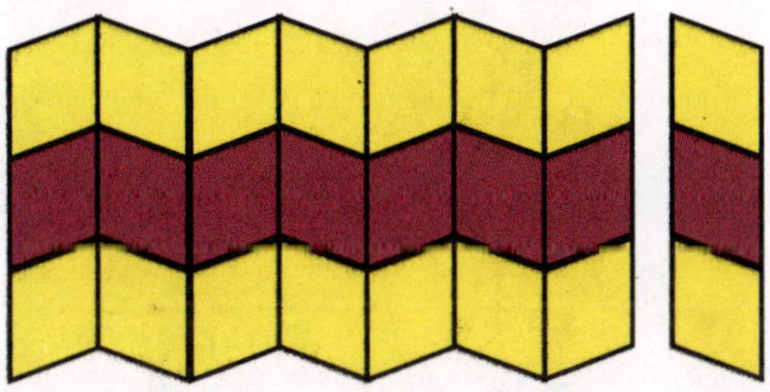

5. Com uma caneta apagável, faça linhas na horizontal, no encontro das cores, e corte deixando 0,75 cm na ponta de cima e na de baixo.

6. Costure faixas horizontais de sua preferência e de acordo com a peça desejada.

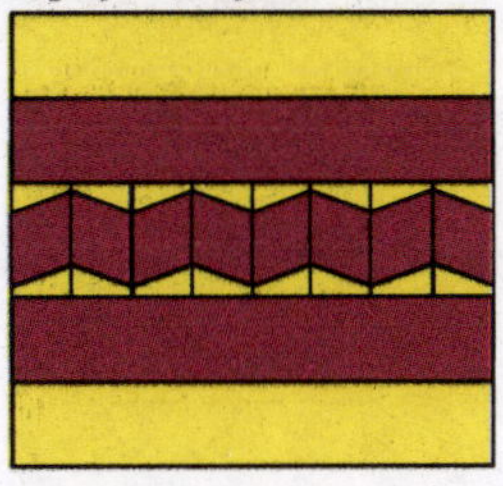

Criação: Eliana Candido • Fotos: Fernanda Venâncio

Panô COM A TÉCNICA BARGELLO

Você sabia?

BARGELLO É UMA TÉCNICA EM QUE TRABALHAMOS COM O MOVIMENTO DAS CORES, DANDO O EFEITO DE ONDAS NO TRABALHO. PODEMOS BRINCAR COM ESTE MOVIMENTO, COSTURANDO DE FORMA CRESCENTE OU DECRESCENTE.

MATERIAIS:

- 20 cm de tecido 100% algodão para cada cor (total 10 cores em degradé)
- 1,20 m de tecido vermelho para os borders e o viés
- 1,30 m de tecido para o forro
- 1,30 m de manta R1
- Linhas de costura das cores dos tecidos para costura e quilt
- Cola spray temporária 505
- Agulha fina para acabamento à mão
- Etiqueta adesiva para marcação e controle das faixas
- 1 folha para confecção de legenda das cores utilizadas.

MODO DE FAZER

1. Faça uma legenda para os tecidos, enumerando-os de 1 a 10, do mais claro para o mais escuro.

2. Corte 3 faixas de cada cor com 4,5 cm x 1,10 m.

3. Use 2 faixas inteiras de cada cor. Já a terceira faixa deve ser cortada ao meio para fazer outra série de faixas.

4. Costure as faixas seguindo a ordem numérica crescente.

5. Una a série de 1 a 10 por duas vezes, assim teremos 20 faixas unidas.

6. Para finalizar a série, costure a primeira faixa com a última. Assim, é possível ter um tubo das tiras costuradas.

7. Fatie este tubo para obter faixas com todas as cores já costuradas, seguindo a tabela abaixo. **Dica:** neste momento, utilize as etiquetas e numere cada faixa cortada.

FAIXA	MEDIDAS
Faixa 1	4,5 cm
Faixa 2	5 cm
Faixa 3	6,5 cm
Faixa 4	5 cm
Faixa 5	5 cm
Faixa 6	6,5 cm
Faixa 7	5 cm
Faixa 8	4,5 cm
Faixa 9	4 cm
Faixa 10	3 cm
Faixa 11	3 cm
Faixa 12	5 cm
Faixa 13	5 cm
Faixa 14	5 cm
Faixa 15	3 cm
Faixa 16	3 cm
Faixa 17	4 cm
Faixa 18	4,5 cm
Faixa 19	5 cm
Faixa 20	6,5 cm
Faixa 21	5 cm
Faixa 22	5 cm
Faixa 23	6,5 cm
Faixa 24	5 cm
Faixa 25	4,5 cm

8. Una todas as tiras verticais, seguindo a ordem de 1 a 25, deslocando uma cor conforme abaixo:
Faixas de 1 a 5 = ordem crescente
Faixas de 6 a 13 = ordem decrescente
Faixas de 14 a 21= ordem crescente
Faixas de 22 a 25= ordem decrescente

Observação: este trabalho é feito em duas metades para formar este desenho. A parte de cima terá 20 tiras e a parte de baixo terá 19 tiras.

9. Unir as duas metades.

10. Costure as bordas, primeiro as laterais maiores, depois as laterais menores.

11. Faça um sanduíche (topo, manta e forro), fixando com um pouco de cola spray temporária.

12. Corte a manta e o forro um pouco maior que o topo, assim será mais confortável para fazer o quilt.

13. Quiltar reto seguindo o movimento das cores. Não é necessário quiltar todas as cores, porém não deve ter espaço maior do que a palma da mão entre uma costura e outra.

14. Finalize com viés do mesmo tecido das bordas, cortados com 4 cm de largura. O acabamento do viés é feito com ponto invisível, à mão, no avesso do trabalho.

Criação: Maura Castro • Fotos: Fernanda Venânci

Caminho DE MESA
(Desconstruindo o Nine Patch)

MATERIAIS:

- Quatro tipos de estampas de tecido tricoline (100% algodão)
- Manta R2
- Viés
- Linha de costura (cor que combine com os tecidos)
- Alfinetes
- Tesoura
- Ferro de passar
- Máquina de costura

PASSO A PASSO

01. Com a tesoura, corte quatro quadrados com a medida 12 x 12 cm em uma das estampas do tecido tricoline. Em outra estampa, corte cinco quadrados com a mesma medida. Posicione os quadrados conforme a imagem.
02. À máquina, costure as faixas, unindo quadrado por quadrado.

03. À máquina, una todas as faixas, costurando um pé de máquina, até formar a união de todos.
04. Centralize a régua ao meio da peça e corte na vertical e na horizontal.
05. Inverta os quadrados, conforme mostra a imagem, e, à máquina, una-os novamente.

06. Com o bloco pronto, corte faixas do terceiro tecido com o tamanho de 7 x 30 cm. Posicione direito com direito nas laterais e passe uma costura reta, de forma que essa irá se repetir de acordo com a quantidade de blocos feitos.
07. Com a união dos blocos, corte a manta R2 com 1 cm a mais para cada lado. Passe a ferro e faça uma costura de segurança por toda a volta. Dica: você pode utilizar alfinetes para melhor fixar os tecidos com a manta. Em seguida, com a tesoura, corte o excesso de manta. No quarto tecido, cortar o forro com o tamanho total do caminho de mesa. Passe a ferro e também faça uma costura de segurança, fixando as três partes da peça.
08. Costure o viés em volta de toda a peça.

Criação: Márcia Satiko • Fotos: Fernanda Venâncio

Manta INFANTIL

MATERIAIS:

- 1 m de tecido marinho com estampa espacial (desenho 30518 VAR03)
- 30 cm de tecido vermelho poeirinha (desenho 1131 V106)
- 30 cm de tecido amarelo poeirinha (desenho 5027 VAR04)
- 30 cm de tecido laranja com estampa de poá
- 1,3 m de tecido azul com estampa de poá
- 1,3 m de manta acrílica
- Base de corte
- Tesouras de precisão
- Réguas para patchwork
- Cortador para patchwork
- Máquina de costura
- Linha de poliéster branca para costura
- Linha para quilt azul-turquesa, amarela e laranja

PLANO DE CORTE

Tecido espacial marinho:

- Cortar 1 faixa de 27,5 cm. Desta faixa, cortar 5 quadrados de 27,5 cm
- Cortar 1 faixa de 8 cm. Desta faixa, cortar 4 quadrados de 8 cm
- Cortar 1 faixa de 14,5 cm. Desta faixa, cortar 4 quadrados de 14,5 cm
- Cortar 4 faixas de 7 cm. Reservar para as bordas.

Tecido vermelho poeirinha:

- Cortar 3 faixas de 8 cm. Destas faixas, cortar 8 retângulos de 8 x 21 cm e 24 quadrados de 8 cm

Tecido amarelo poeirinha e laranja poeirinha:

- Cortar 2 faixas de 8 cm. Destas faixas, cortar 8 retângulos de 8 x 27 cm e 8 quadrados de 8 cm

Montagem dos blocos:

BLOCO A

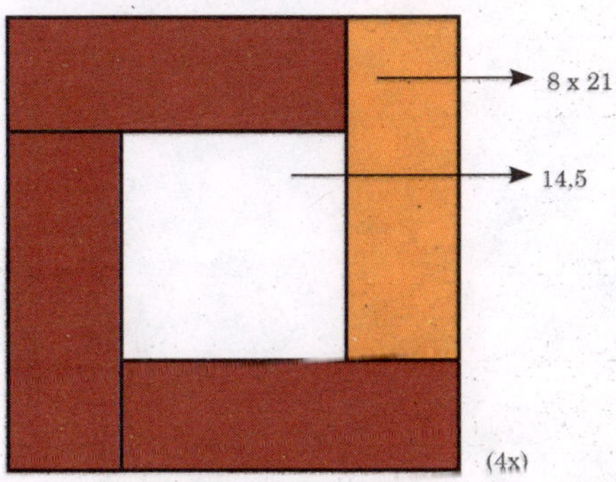

PASSO A PASSO BLOCO A

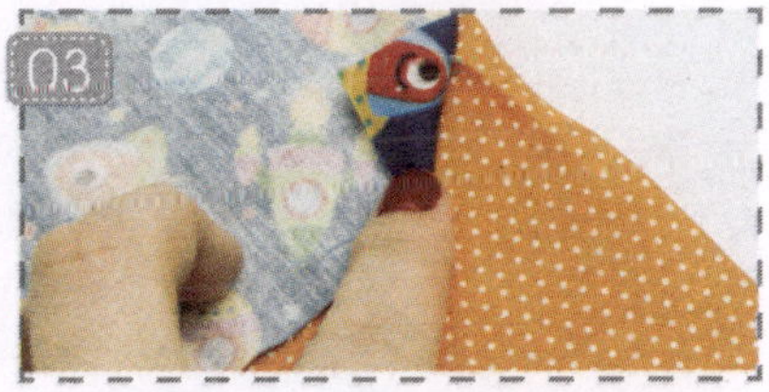

01 e 02. Monte o bloco sobre a mesa. Sobreponha o quadrado azul central sobre o retângulo poá laranja e costure deixando 2 cm sem costurar na parte inferior.
03. Deite todas as costuras para o lado dos retângulos.

04. Sobreponha o retângulo vermelho superior e costure.
05. Sobreponha o retângulo amarelo e costure.
06. Sobreponha o retângulo vermelho inferior e costure afastando o laranja no espaço de 2 cm que não foi costurado no início.

07. Deite a costura para o vermelho. Termine a costura da parte do retângulo laranja que falta.
08. Bloco pronto. Faça quatro iguais.

Montagem dos blocos:
BLOCO B

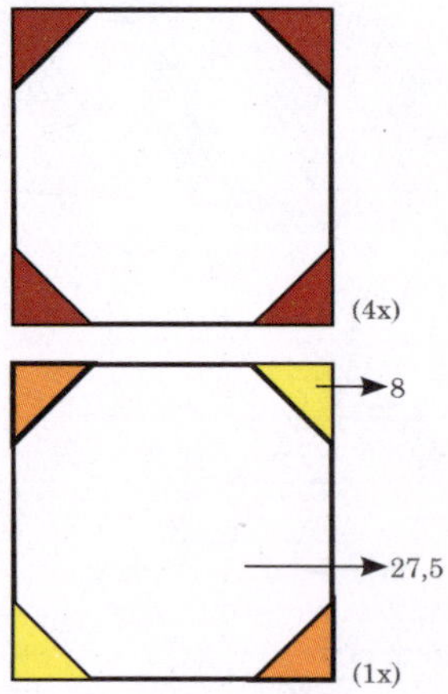

PASSO A PASSO BLOCO B

01. Posicione os quatro quadrados vermelhos de 8 cm sobre os cantos e costure na diagonal central, conforme indicado.
02. Refile deixando margem de costura de 0,75 cm.
03. Deite as costuras para o lado dos quadrados coloridos.

PASSO A PASSO BLOCO C

Montagem dos blocos:
BLOCO C

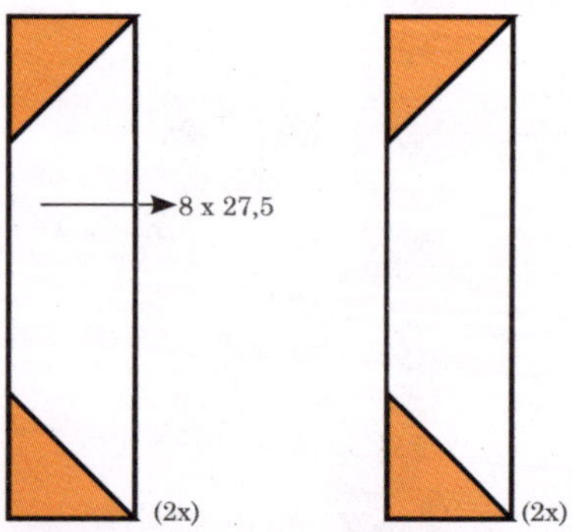

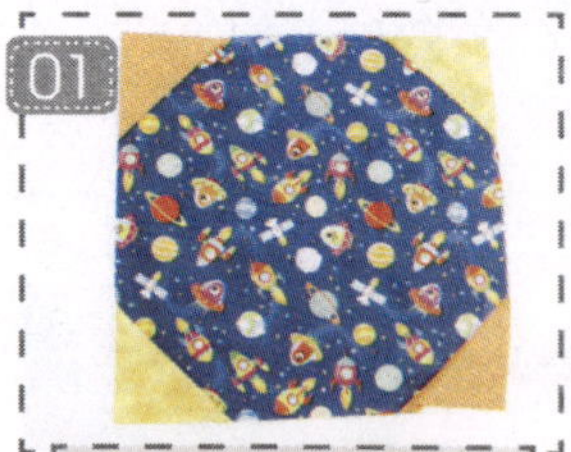

01. Posicione os dois quadrados de 8 cm sobre as pontas dos retângulos e costure na diagonal, conforme indicado.
02. Refile deixando margem de costura de 0,75 cm.
03. Deite as costuras para o lado dos triângulos coloridos.

PASSO A PASSO BLOCO D

Montagem dos blocos:
BLOCO D

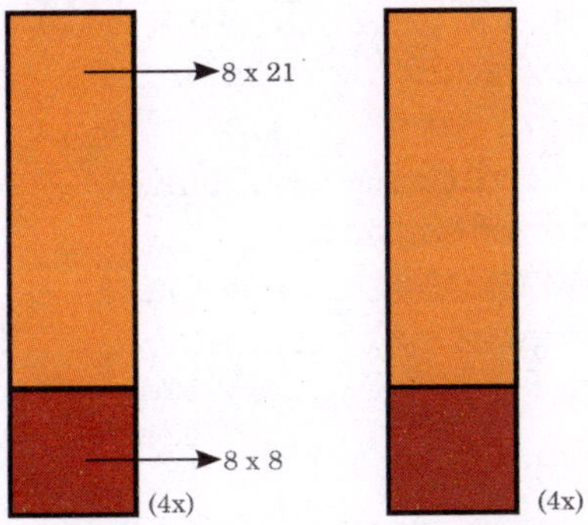

01. Costure os quadrados de 8 cm nos retângulos, conforme indicado.
02. Deite as costuras para o lado dos quadrados.

PASSO A PASSO BLOCO E

Montagem dos blocos:
BLOCO E

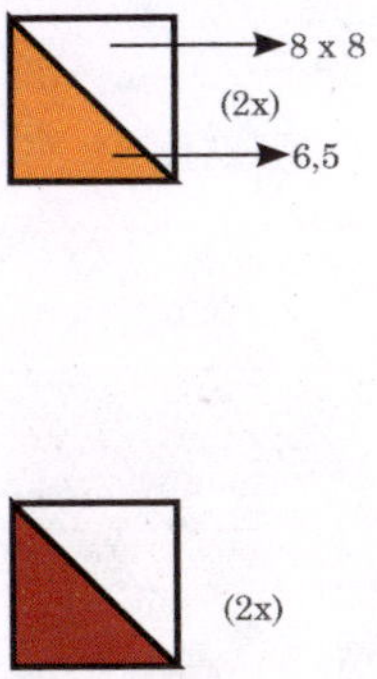

01. Posicione um quadrado colorido sobre um azul e costure na diagonal.
02. Refile deixando margem de costura de 0,75 cm.
03. Deite as costuras para o lado dos triângulos coloridos.

MONTAGEM DA MANTA

- Posicione os blocos seguindo o diagrama.
- Faça todas as costuras verticais e depois as horizontais.
- Lembre-se de deitar as costuras sempre para o lado dos coloridos.
- Faça todas as costuras horizontais, alfinetando em cada encontro de costuras.
- Passe o patchwork a ferro.
- Costure as bordas laterais de 7 cm. Deite as costuras para o lado das bordas e refile o excesso.
- Costure as bordas superior e inferior, deitando as costuras, e refile.
- Posicione o avesso do patchwork sobre a manta, fixando com o seu método preferido (spray temporário, alfinetes, alinhavo).
- Passe uma costura de segurança em toda a volta da peça e refile o excesso de manta.
- Posicione o direito do forro sobre o direito do patchwork.
- Costure toda a volta, deixando uma abertura no centro de um dos lados para desvirar.
- Desvire, passe a peça, alfinete novamente e execute o quilting reto em volta de todas as partes azuis.
- Se desejar, faça o quilting livre, decorando a peça conforme a sua habilidade.
- Feche a abertura com pequenos pontos à mão.

Esquema completo:

DICAS IMPERDÍVEIS DO Dotan

Sob o comando do "Ateliê na TV", ele coleciona cada vez mais fãs. Irreverente e carismático, Dotan acredita na valorização do artesanato e, aqui, dá dicas infalíveis para vencer no segmento

Por Aline Ribeiro • Fotos: Fernanda Venâncio

"Para mim, as técnicas artesanais mais promissoras hoje são: patchwork, pois tem um preço de venda diferenciado; e patch-bolsa, pois se a bolsa for linda, não tem uma mulher que resista e não queira comprar!"

Dotan Mayo, apresentador e criador do programa "Ateliê na TV", é o que é em frente e atrás das câmeras. E, certamente, esta é a fórmula de seu sucesso. Não é à toa que seu programa de artesanato, hoje apresentado na Rede Vida de segunda a sexta às 10h50 para todo o Brasil, já completou 13 anos de existência. E melhor: no decorrer de todo esse período, o programa já mudou a história de vida de muitas pessoas. "No início, eu jamais pensei que o 'Ateliê na TV' ia tomar essa proporção de visibilidade. Pessoas que mudaram de vida por conta do programa, que conseguiram sair da depressão ou ganhar dinheiro com isso", conta Dotan, emocionado.

RUMO AO SUCESSO

• O artesanato está sendo cada vez mais valorizado. E tende a se valorizar ainda mais! Como tem muita gente fazendo também, a concorrência cresceu. Se antes tínhamos 100 pessoas trabalhando com feltro, hoje temos 5 mil pessoas, por exemplo. Se tínhamos 100 pessoas trabalhando com patchwork, hoje temos 10 mil. Por isso, o trabalho precisa ser diferenciado, ter um acabamento maravilhoso!

• Estude, pesquise bastante! Só assim terá um produto diferenciado das demais pessoas! Tem que se diferenciar tanto na construção da peça, como também encontrar um meio legal para oferecer o produto (pode ser pela internet, em locais diferentes, fazendo bazar, para ter um giro maior de lucro).

• Atualmente, vejo o artesanato mais como terapia do que como complemento de renda. Mas se ele for um artesanato diferenciado e bem-feito, vai ter sempre gente comprando.

• Para mim, as técnicas artesanais mais promissoras hoje são: patchwork (pois tem um preço de venda diferenciado); patch-bolsa (se a bolsa for linda, não tem uma mulher que resista e não queira comprar); crochê (em peças para decoração); e peças para decoração em geral com artesanato (como almofadas, colchas e outras peças maiores).

• Bonecas também são ótimas apostas! As pessoas estão voltando à infância e sentindo esse glamour com as bonecas decorativas. O que antigamente era só para brincar, hoje também é para decorar. E traz um momento muito agradável para quem prepara e para quem compra boneca.

ATELIÊ TOUR

Se não bastassem os programas de TV, a interatividade diária nas mídias sociais, a loja de artesanato, Dotan, aos 41 anos de idade, ainda está à frente do "Ateliê Tour", uma viagem que une diversão, conhecimento e, claro, artesanato. Os destinos são os mais diversos: da charmosa cidade de Campos de Jordão em São Paulo até uma exposição de Patchwork no Canadá. Ainda tem Gramado, Houston, Los Angeles, Chile, Foz do Iguaçu e muitos outros locais fascinantes.

"As pessoas vem de todo o Brasil para participar. É como se elas 'desplugassem' da sua vida corrida. É um momento que elas têm para elas! Um mundo onde não precisam lavar, cozinhar, cuidar do marido e dos filhos. Lá, elas só ficam preocupadas com o horário do curso, do que vão comer, que horas é o bingo", destaca Dotan, que ainda ressalta: "Você chega em um local onde as pessoas amam artesanato e falam a mesma língua, tem os mesmos interesses. Quer melhor?!".

No dia desta entrevista, o apresentador estava empolgado com o 9º Festival de Bonecas, que iria acontecer em Campos do Jordão entre os dias 14 a 17 de setembro de 2017. No entanto, já tem data marcada para a 10a edição em março de 2018. "Nós fechamos um pacote completo: hospedagem com pensão completa, cursos e traslados. Ao chegarem no quarto, as participantes são recepcionadas com uma linda bolsa com muitos produtos de artesanato. No primeiro dia, ainda tem bingo, cantado por mim, e karaokê!", convida Dotan, que ainda tira uma foto com cada participante da viagem.

Para saber mais sobre essa experiência única, basta acessar www.ateliecomvoce.com.br

Criação: Vanessa Barreta • Fotos: Fernanda Venâncio

Bolsa térmica

MATERIAIS:

- 60 x 42 cm de tecido algodão estampado
- 60 x 42 cm de manta R1
- 2 tiras de 6,5 x 42 cm (com o mesmo tecido de algodão)
- 42 x 48 cm de etaflon
- 4 quadrados de tecido de 6 x 6 cm (para encapar os botões)
- 2 botões médios
- 2 cursor (para o zíper)
- Linha de costura (a cor irá depender do tecido escolhido)
- Agulha de costura
- Cola quente
- 2 armações boca de lobo para bolsa (com 23 cm de largura)
- Zíper com 65 cm
- Máquina de costura
- Arame (para virar o tecido)
- Pinça (para virar o tecido para dentro)
- Tesoura
- Base de corte
- Martelo
- Cortador
- Alfinetes
- Cola spray temporária para tecido
- 2 cadarços de 35 cm de comprimento por 2,5 cm de largura
- 4 ponteiras (ferros para acabamento da bolsa)
- Caneta apagável ("fantasminha")

PASSO A PASSO

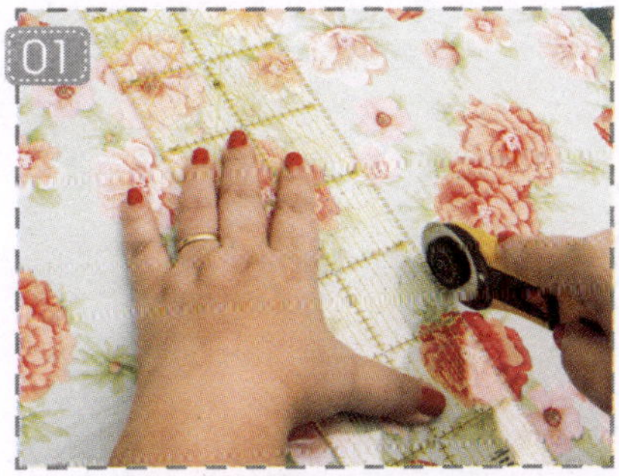

01. Na base de corte, com a ajuda da régua, meça a medida 60 x 42 cm do tecido de algodão. E, com o cortador, corte-o.
02. Na base de corte, com a ajuda da régua, meça a manta no mesmo tamanho do tecido (60 x 42 cm) e, com a tesoura, corte-a.
03. Sobreponha o tecido do lado avesso em cima da manta. Entre eles, coloque um pouco de cola spray, a fim de fixá-los (assim não precisa usar alfinetes!). Com a caneta e a régua, meça 6 cm das extremidades. À máquina, faça uma costura reta nas laterais da união da manta e do tecido até os 6 cm de cada lado.

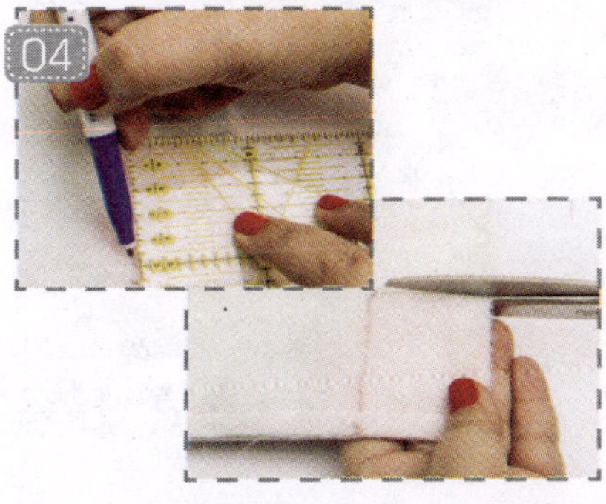

04. Com a régua e a caneta, faça uma marcação de 5 cm da "caixa leite". Com a tesoura, recorte-a. Abra-a, assim como mostra a imagem. Isso é o que dará a largura certa para fazer a base da bolsa.
05. À máquina, com a linha verde-clara, a fim de combinar com a estampa do tecido, costure a abertura da "caixa de leite". Faça isso de ambos os lados. Reserve!

06. Com a tesoura, corte o etaflon na medida 42 x 48 cm.
07. Posicione as tiras de 6,5 x 42 cm nas laterais do etaflon e costure-as à máquina.
08. Dobre o etaflon ao meio, assim como mostra a imagem. À máquina, costure as laterais até a altura do tecido.

09. Com a régua e a caneta, marque 5 cm da "caixa de leite" (um quadrado). Com a tesoura, recorte-A. Faça isso dos dois lados da peça.
10. À máquina, costure as duas caixas de leite.
11. Com as mãos, desvire a peça. Coloque a peça de etaflon dentro da peça com a manta, sendo direito com direito.

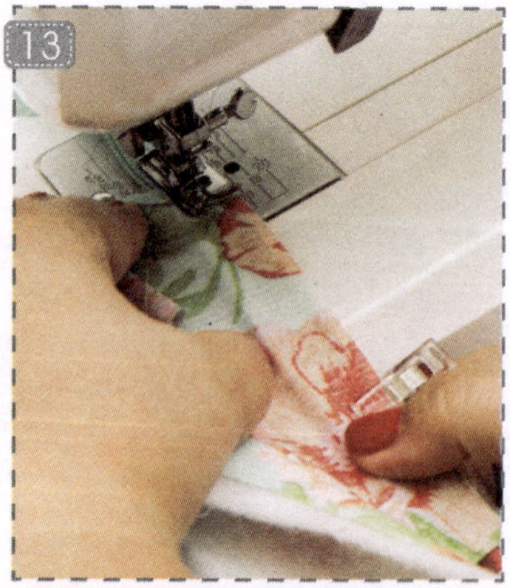

12. Por dentro da peça, coloque o zíper do lado direito bem ao meio do tecido, assim como mostra a imagem. Prenda-o com clipes de tecido. Dica: para finalização, dobre 0,5 cm do tecido nas quatro pontas, a fim de dar um melhor acabamento.
13. À máquina, costure o zíper. Faça esse procedimento dos dois lados.

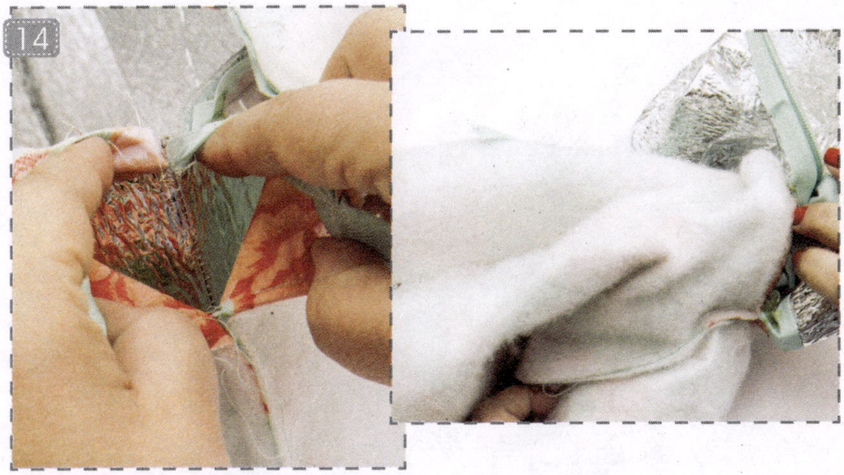

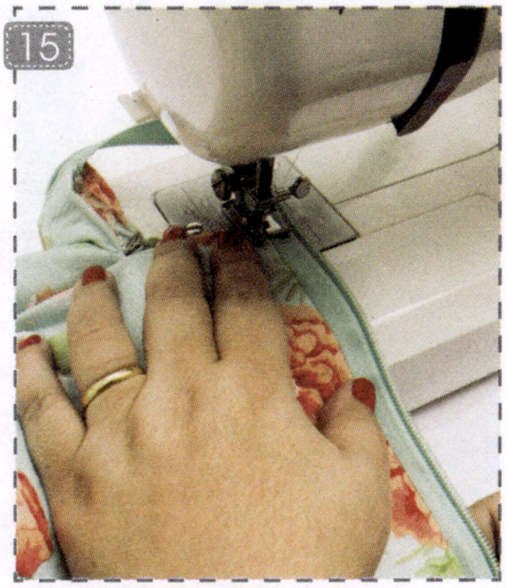

14. Vire a peça pela lateral aberta, assim como mostra a imagem. **Dica:** faça esse procedimento com cuidado, devagar, até virar por completo.
15. À máquina, rebata o zíper de ambos os lados.

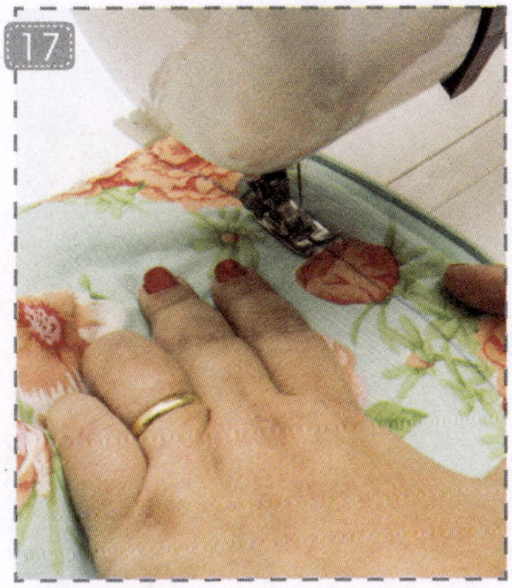

16. Na costura onde foi feito o rebate, com a régua e caneta, marque 2,5 cm de ponta a ponta, dos dois lados.
17. À máquina, costure em cima dessa marcação. Faça isso dos dois lados.
18. Para fazer as alças, use as tiras de tecido de 7 x 35 cm. Junte-as do lado direito e costure-as máquina.

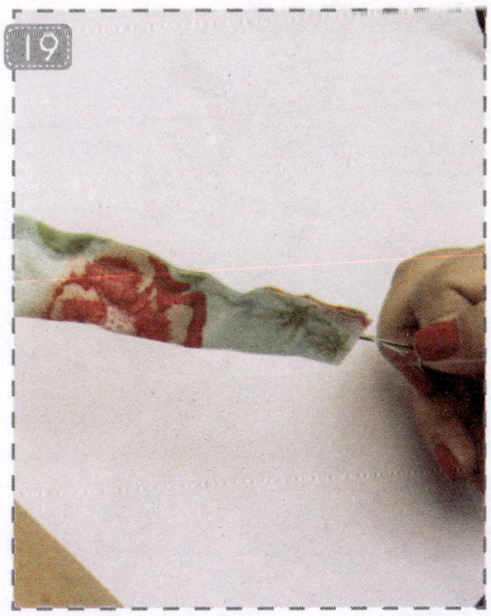

19. Encaixe o virador dentro do tecido e vire-o.
20. Encaixe cada cadarço dentro de cada alça de tecido. À máquina, rebata as alças dos dois lados.

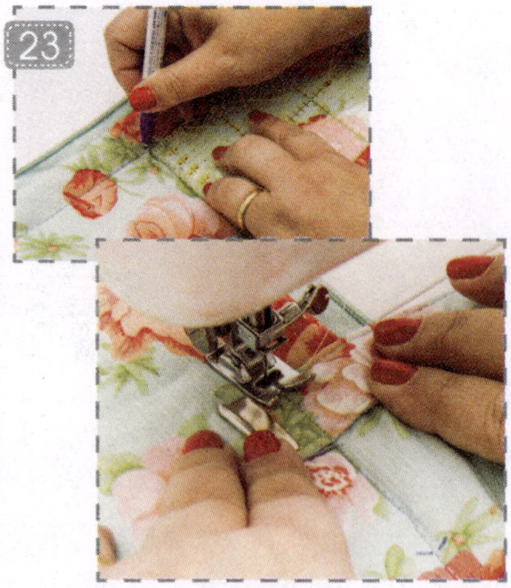

21. Encaixe as ponteiras em cada lado da alça e, para fixar, bata com o martelo.
22. Dobre a bolsa ao meio e marca o centro da peça. Com a régua e a caneta, meça 4 cm para cada lado do centro.
23. Posicione a ponta da alça em cima de cada marcação e, ao pé da máquina, costure na marcação dos 4 cm, assim como mostra a imagem. Faça isso nas quatro ponteiras para fixá-las.

24. Passe o cursor no zíper. Dica: com a tesoura, corte um pedacinho dos "dentinhos" do zíper e encaixe o cursor. Esse procedimento facilita a colocação!
25. Abra a bolsa e encaixe cada "boca de lobo" (arame) por dentro da costura próxima ao zíper, assim como mostra a imagem. Faça isso dos dois lados.

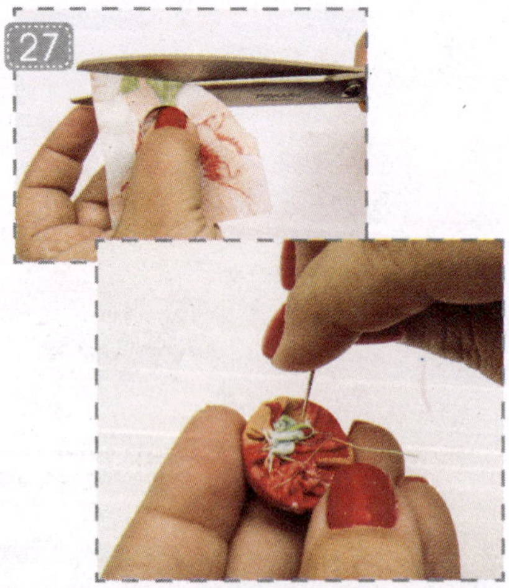

26. Com a tesoura, corte os excessos do zíper. Deixe 8 cm a partir da ponta.
27. Corte um quadrado de 6 x 6 cm do tecido de algodão. Sobreponha o botão do lado avesso do tecido e, com a linha e a agulha, encape-o, fazendo um fuxico. Faça quatro vezes.
28. Com a cola quente, cole o botão em cada lado do zíper, assim como um "sanduíche".

5º
Festival de Patchbolsa
23 a 26 de Agosto de 2018
Quinta a Domingo
Hotel Orotour Garden
Campos do Jordão - SP
Um evento exclusivo para quem ama costurar e fazer bolsas!
Os pacotes incluem:
Hospedagem 4 dias e 3 noites;
Pensão completa (exceto bebidas);
Transporte;*
5 cursos práticos (material incluso);
Programação de lazer (Bingo, Karaokê);
Muitas surpresas!
Viaje com pessoas que compartilham dos mesmos gostos que você!
Crie peças exclusivas e aprenda tudo com os melhores professores!
Inscreva-se agora!
(11) 3888-1308 (11) 99945-2797
www.ateliecomvoce.com.br
Realização:
Ateliê na TV
viajando com você
O pacote acima inclui: hospedagem por pessoa de 4 dias e 3 noites no Hotel Orotour Garden com pensão completa (exceto bebidas e o almoço de quinta-feira), coffee break entre os cursos, 5 cursos com duração de 5h cada e material necessário para a elaboração das peças. *Ônibus fretado saindo de São Paulo: Barra Funda e Rodoviária Tiete, Aeroportos de Guarulhos e Congonhas. Pagamento: em até 10x no cartão de crédito (Mastercard, Visa, Dinners); boleto bancário (verificar prazos). Preços diferenciados somente para moradores da região. Venda de pacotes vinculada à disponibilidade. Vagas limitadas. Data e local do evento podem ser alteradados. Imagens meramente ilustrativas.

Criação: Claudia Haraguchi, da Presentes de Pano
Fotos: Fernanda Venâncio

Ecobag

QUE VIRA CARTEIRA!

MATERIAIS:

- Tecidos de algodão (duas estampas)
- Entretela termocolante
- Botão de pressão
- Base de corte
- Máquina de costura
- Agulha e alfinete
- Linha de costura
- Tesoura e cortador (Rotary)

MEDIDAS

PARTE DA PEÇA	LARGURA	ALTURA
Corpo	40 cm	82 cm
Alça (2x)	7 cm	65 cm
Bolso frente	20 cm	30 cm
Bolso forro	20 cm	30 cm
Entretela termocolante	20 cm	30 cm
Viés	3 cm	110 cm
Botão de pressão	1 par	

PASSO A PASSO

01

02

01. 1. Com a ajuda da base de corte, corte os tecidos nas medidas indicadas no box acima. Feito isso, cole o tecido da frente do bolso na entretela termocolante. Passe a ferro para aderir. Com a tesoura, corte os excessos da entretela.
02. Junte as três partes do bolso (frente, forro e viés). Prenda o viés em toda a volta do bolso (frente e forro). **Dica:** use alfinetes para dar mais firmeza à junção dos tecidos.

03. À máquina, faça uma costura prendendo o viés em todo o contorno da peça. Desvire o viés e acerte bem o tecido nas bordas da peça.
04. Faça duas dobras com o viés e prenda-o com alfinetes, assim como mostra a imagem. Passe a ferro todo o viés para marcar bem. Feito isso, faça uma costura em toda a extensão do viés. **Dica:** verifique se a costura está pegando dos dois lados do viés!

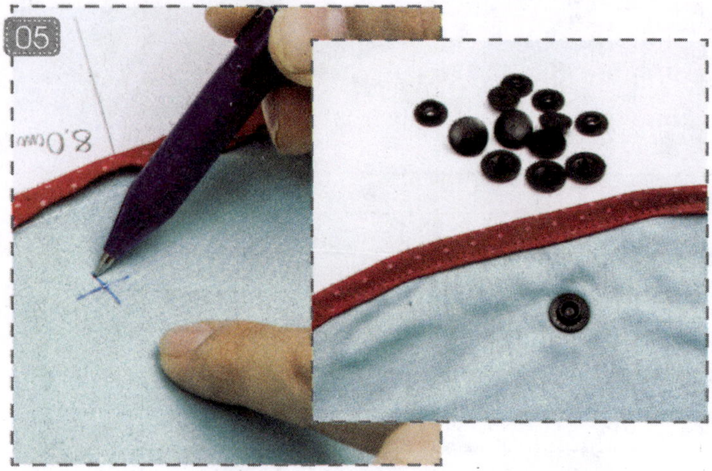

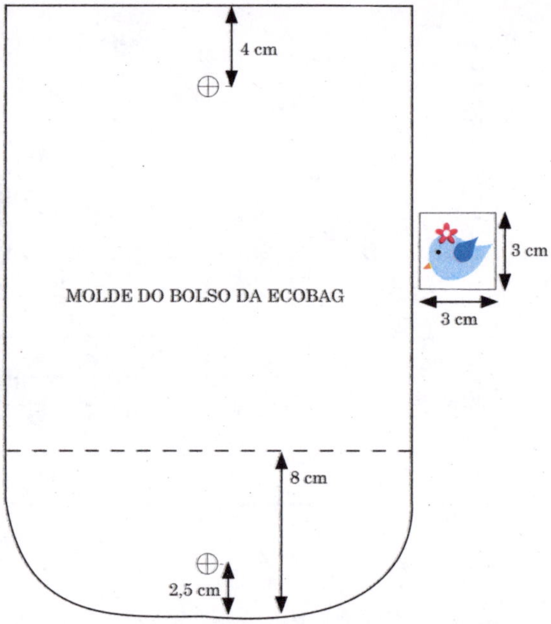

05. Com as indicações do molde, marque os locais que deverão ser colocados os botões. Com o auxílio do Balancim, fixe o botão de pressão. **Dica:** caso não tenha o Balancim, você pode costurar qualquer outro botão na peça!

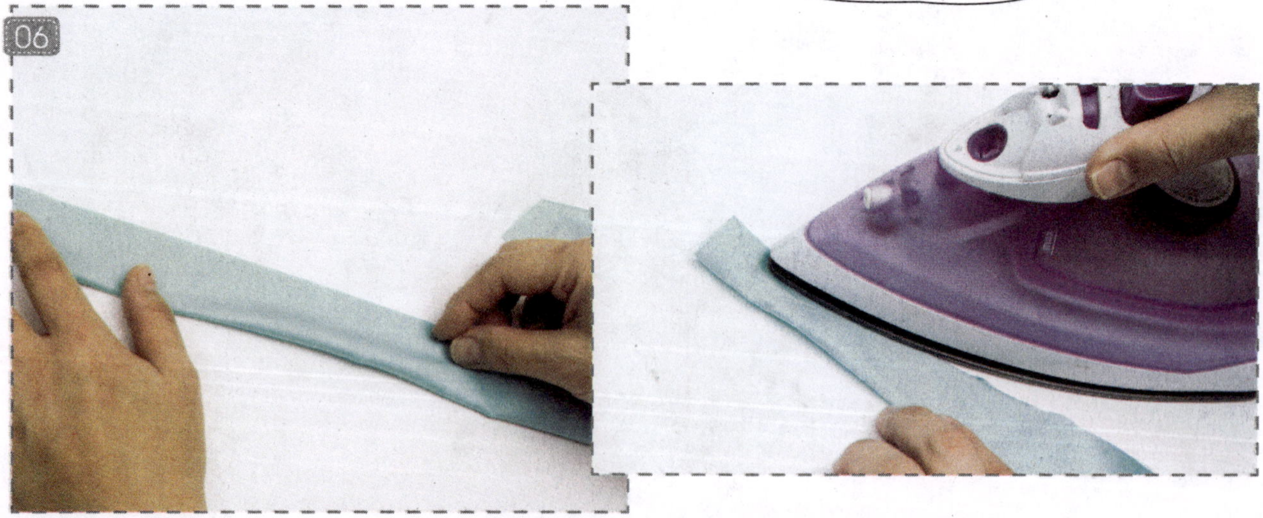

06. Junte os tecidos da alça e, à máquina, costure-os. Passe a ferro para marcar bem as alças. Feito isso, faça uma costura de pesponto por toda a extensão da alça, a fim de dar um acabamento perfeito! Dica: para manter o acabamento uniforme, pode-se utilizar um calcador com uma guia de apoio!

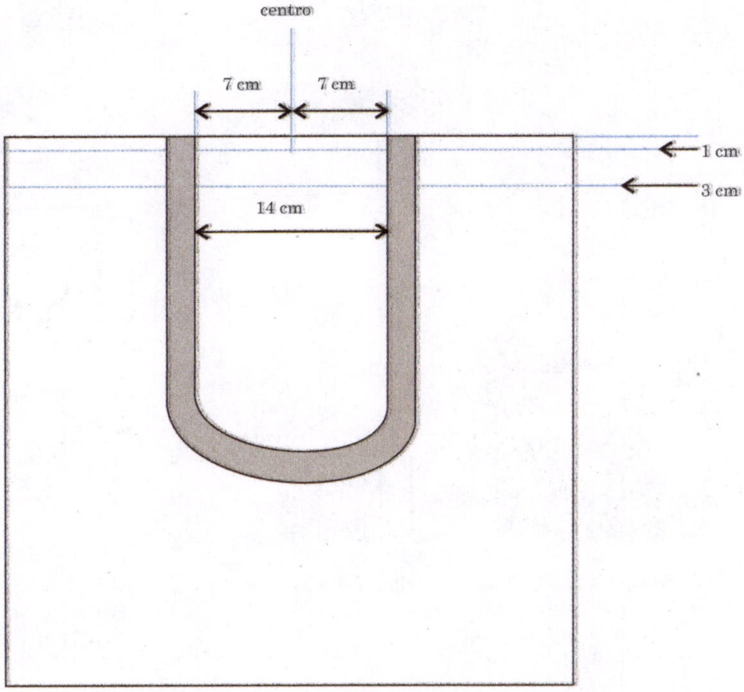

05. Seguindo o gráfico abaixo, marque o centro da peça. Do centro da peça, marque 7 cm para cada lado – onde serão colocadas as alças. Atenção: o vão entre uma alça e outra deve ser de 14 cm. Faça uma marcação de cima para baixo distante 1 cm e depois outra com 3 cm. Essas marcações servirão de guia para dobrar o tecido.

05. À máquina, costure em ziguezague para prender a alça na peça. Seguindo as medidas do gráfico, faça a primeira dobra na medida de 1 cm. Depois, a segunda dobra na medida de 3 cm. Alfinete as alças e, então, alfinete toda a parte superior da ecobag. Atenção: observe que as alças irão ficar embutidas nesta dobra!

09. À máquina, comece costurando pela parte de baixo da peça. Quando chegar na alça, levante o calcador para a alça não entortar e costure até o final. Vire a peça e costure a parte de cima – novamente quando chegar na alça, levante o calcador, mantenha a alça esticada para ela não dobrar e nem entortar.

10. Feche a ecobag pelas alças e acerte a parte superior da peça com as dobras voltadas para dentro. Centralize a parte do bolso no centro vertical da bolsa e alinhe o bolso pela base. Faça um risco no bolso, distante 8 cm da base da bolsa. É neste risco que será costurado o fundo do bolso!

11. Abra a ecobag e costure o bolso iniciando com um retrocesso. Quando chegar na marcação, vire a peça e costure por cima da marcação. Depois de fixar o bolso, alfinete toda a lateral da ecobag pela frente. Costure a lateral primeiramente pela frente da ecobag, com a agulha toda para a lateral, sendo uma costura menor do que um pé de máquina. Vire a ecobag para a costura ficar para o lado de dentro. Depois de virar bem a ecobag, acertando todos os cantinhos do tecido, alfinete toda a lateral novamente e costure mais uma vez. Vire novamente a peça e observe que, com duas costuras, o acabamento lateral da ecobag fica embutido, não necessitando de overlock, viés ou qualquer outro tipo de acabamento.

12. Ao dobrar a ecobag, a peça também vira uma linda carteira para ser guardada dentro da bolsa ou para levá-la à mão!

Criação: Fabiana Rosa • Fotos: Fernanda Venânc

Porta-documentos

MATERIAIS:

- Tecido de algodão para a parte externa
- Tecido de algodão para o forro
- Manta R1 ou R2
- Entretela
- Linha de costura
- 1 Botão imã ou botão plástico Rita
- Tesoura
- Régua
- Caneta
- Ferro de passar
- Tábua de passar
- Cola pano (ou cola universal)
- Vira boneca (ou cabo de pincel)
- Máquina de costura
- Marcador temporário para riscar
- Alfinete ou clips

MEDIDAS - ESQUEMAS DE MONTAGEM

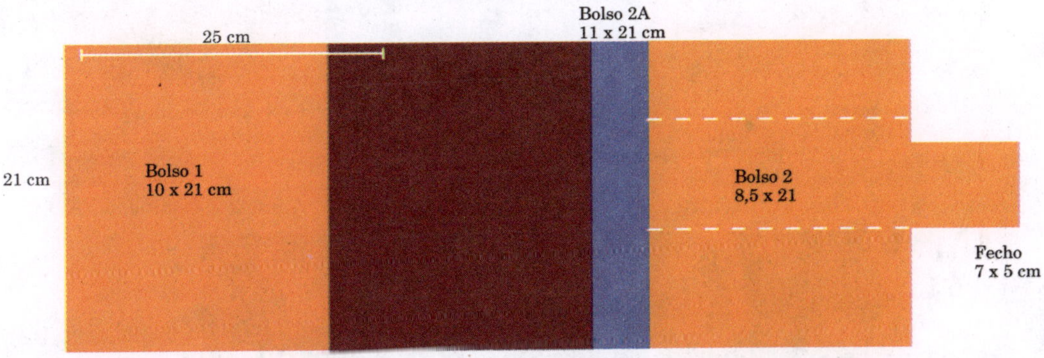

- Base da carteira e forro – 25 cm x 21 cm
- Fecho – 7 cm x 5 cm / Bolso 1 - 10 cm x 21 cm
- Bolso 2 – 8,5 cm x 21 cm / Bolso 2A – 11 cm x 21 cm

Cortes de tecidos e mantas:

- Base Carteira e forro – 1 x Manta Acrílica R1 ou R2; 1 x Tecido; 1 x Tecido de Forro na medida de 25 cm x 21 cm cada
- Fecho – 1 x Manta Acrílica R1 com a medida 10 x 10 cm; e 1 x • Tecido 14 cm x 5cm
- Bolso 1 – 1 x Tecido na 20 cm x 21 cm; e 10 x 21 cm na Entretela
- Bolso 2 – 1x Tecido na medida 19 cm x 21 cm; e 9,5 x 21 cm na • Entretela
- Bolso 2A – 1x Tecido com a medida 22 cm x 21 cm; e 11 x 21 cm na Entretela

PASSO A PASSO

01. Com a régua e a caneta, risque todas as peças nos respectivos tecidos, mantas e entretelas.
02. Com a tesoura, recorte todas as peças e reserve-as.

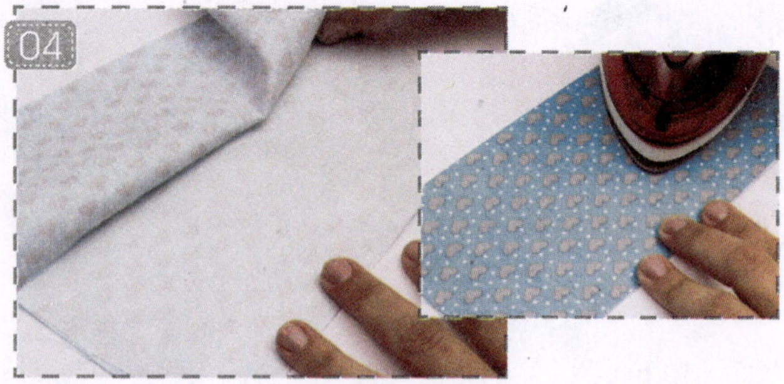

03. Sobreponha o recorte de tecido da base (25 x 21 cm) e a manta R1 ou R2 (25 x 21 cm) e passe com o ferro – isso faz com que a cola da manta fixe no tecido. Caso queira quiltar, essa será a etapa. Reserve.

04. Separe os recortes de tecidos para os bolsos 2 e 2 A. Esses devem ser dobrados ao meio e colocado a entretela nesse meio. Passe levemente com o ferro. Rebata a costura da borda. Reserve. Faça o mesmo procedimento com o bolso 1. Reserve.

05. Separe os bolsos 2 e 2A. Esses devem ser colocados um sobre o outro para fazer três marcações que servirão para colocação dos documentos (ex.: carteirinha do convênio, RG, CPF etc). Marcação terá a seguinte medida: 7cm. Faça as marcações de 7 cm com caneta que apaga ("fantasminha"). **06.** Selecione o tecido do forro (25 x 21 cm) e, em uma das extremidades, posicione essa composição de bolsos onde serão colocados os cartões. Sobre as marcações feitas com a caneta, você deverá fazer uma costura reforçada. Após a costura, terá 6 bolsos. No outra extremidade, coloque o outro bolso. Alfinete e reserve.

07. Para fazer o fecho, separe o recorte de manta R1 e o tecido. Dobre o tecido ao meio do avesso, coloque-o sobre a manta e costure toda a lateral, deixando a base aberta.

08. Vire a peça e, em seguida, rebata toda a lateral, menos a parte aberta. Com o agulhão, marque o meio e coloque a parte "macho" do botão.

Montagem:

Forro, bolsos nas extremidades e fecho (colocar o botão lado interno para dentro da peça). Antes da montagem, ache o meio do fecho e dê um tique com a tesoura (a mesma coisa na base da peça).

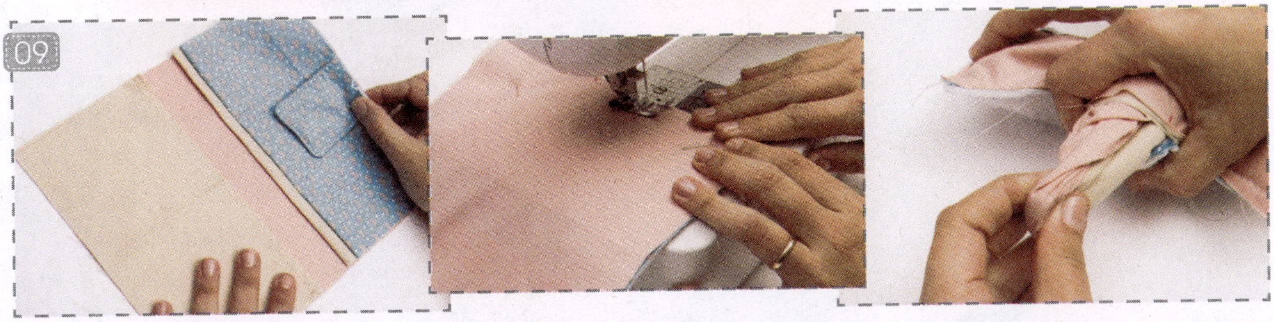

09. Selecione a peça com tecido externo e a manta que você já passou anteriormente e posicione frente com frente aos bolsos. Alfinete tudo e comece a costura. Não se esqueça de deixar a abertura para desvirar a peça! Após feita a costura com 1/2 pé de máquina, tire os alfinetes com cuidado e desvire a peça. Passe bem para assentar todas os detalhes.

10. Após passar bem a peça, será a hora de colocar o botão. Fecho a carteira e pressione o botão (dessa forma, conseguirá identificar a posição do botão com a peça fechada. Marque com a caneta. Com ajuda do furador, faça o furo no tecido e coloque a outra parte do botão. Pode-se utilizar o balancin ou o alicate para esse procedimento. Feito isso, acerte bem a abertura e cole com cola universal ou cola pano. Caso queira, pode-se fechar também com ponto invisível.
Sua peça está pronta para arrasar com as mamães!

MOLDES - ESQUEMAS DE MONTAGEM

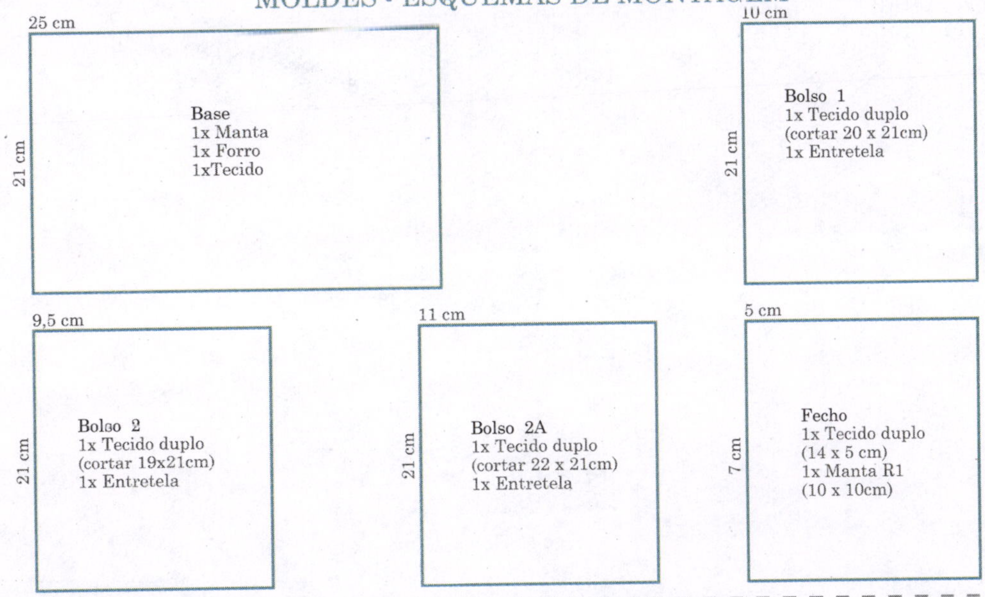

Criação: Fabiana Rosa • Fotos: Fernanda Venâncio

Kit portátil
PARA HIGIENE DO BEBÊ

Dica
GUARDE TUDO EM UMA ÚNICA PEÇA: LENÇO UMEDECIDO, FRALDAS E POMADA!

MATERIAIS:

- Tecido de algodão para a parte externa
- Tecido de algodão para o forro
- Náilon dublado ou Manta R1
- Entretela
- Viés
- Linha de costura
- Botão tic-tac de plástico
- Balancin (ou alicate de colocar botão)
- Tesoura
- Régua
- Ferro de passar
- Cola pano (ou cola universal)
- Vira boneca (ou cabo de pincel)
- Furador de tecido
- Máquina de costura
- Marcador temporário para riscar
- Alfinete (ou clips)

MOLDES - ESQUEMAS DE MONTAGEM

- Base e forro – 26 cm x 36,5 cm
- Fecho – 7 cm x 13 cm
- Bolso Lencinho – 16 cm x 26 cm
- Abertura oval para bolso lencinho – 10 cm x 6 cm
- Bolso porta-fraldas – 16 cm x 26 cm
- Bolso porta pomada – 10 cm x 7 cm

Cortes de tecidos e mantas:

- Base Kit e forro – 1 x Náilon dublado; 1 x Tecido; 1 x Forro (na medida de 26 cm x 36,5 cm cada)
- Fecho – 1 x Manta Acrílica R1 na medida 13 x 10 cm; 1 x Tecido 26 cm x 7cm
- Bolso Lencinho – 2 x Tecido com a medida 16 cm x 26 cm; e 16 cm x 26 cm na entretela e 27 cm viés a sua escolha
- Bolso Fraldas – 1 x Tecido com a medida 32 cm x 26 cm
- Bolso Pomada – 1 x Tecido com a medida 20 cm x 7 cm

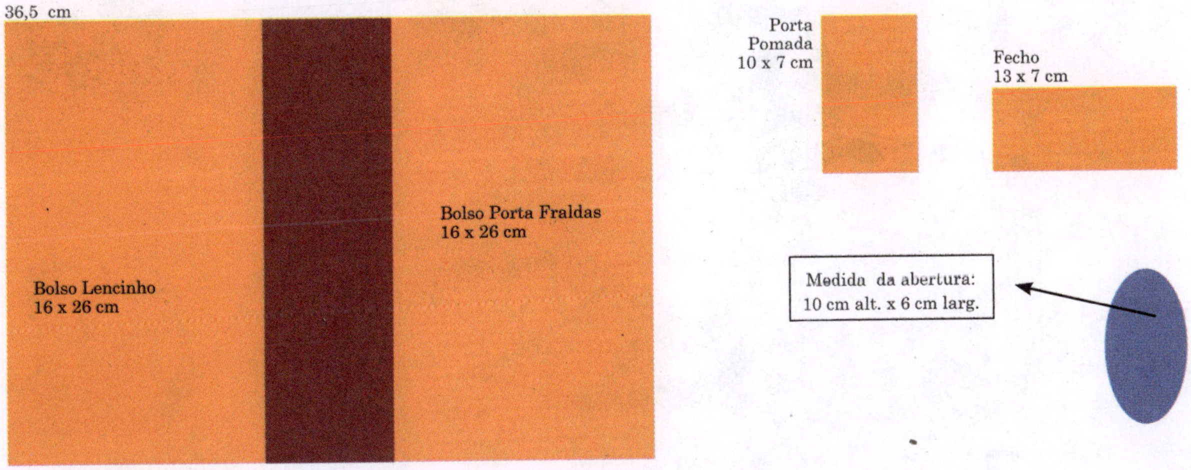

PASSO A PASSO

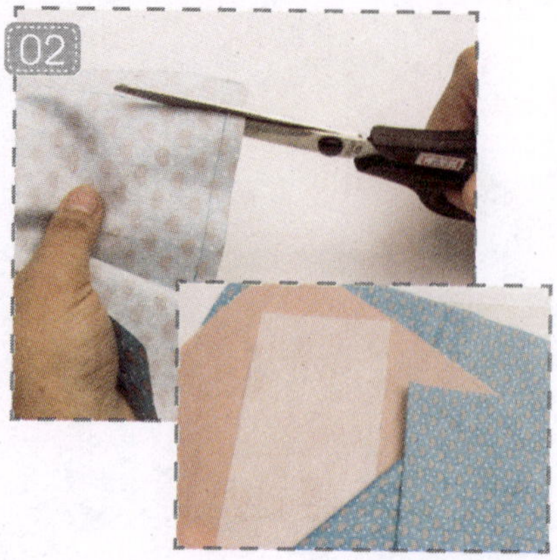

01. De acordo com as medidas indicadas acima, com a caneta e a régua, risque todas as peças nos respectivos tecidos, mantas e entretelas.
02. Com a tesoura, recorte todas as partes e reserve-as.
03. Sobreponha o recorte de tecido da base (26 x 36,5 cm) no náilon dublado (26 x 36,5 cm) e, à máquina, faça uma costura na lateral para segurar o tecido. Caso queira quiltar, essa será a etapa. Reserve.

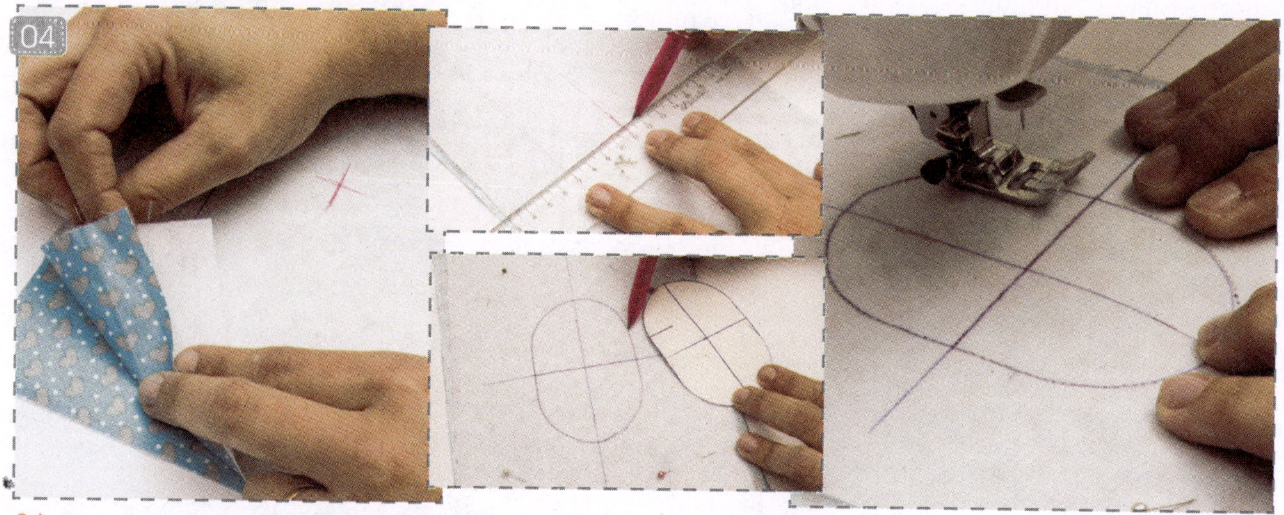

04. Separe os recortes de tecidos para o bolso do lencinho. Coloque a entretela em um deles e ache o meio da peça (horizontal e vertical). Com a caneta, marque o risco da tampa do lencinho, conforme modelo e medidas. Costure nesse risco.

05. Com a tesoura, recorte e faça uma abertura, deixando uma margem pequena. Cuidado para não cortar a linha!
06. Passe bem a ferro para assentar os tecidos.

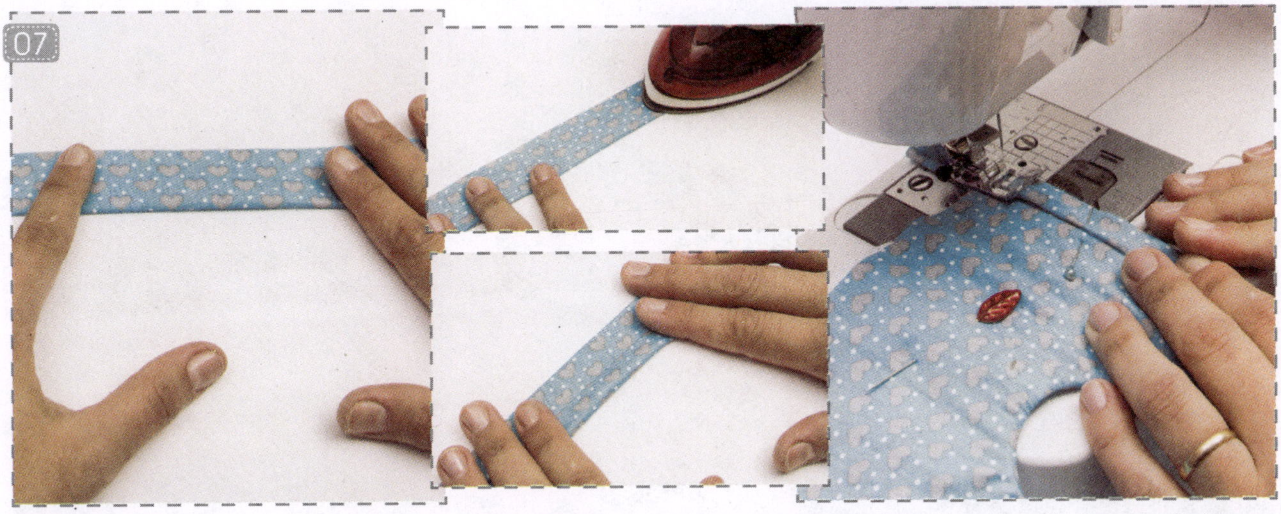

07. Faça um viés de 5 cm x 27 cm. Dobre-o ao meio e passe a ferro. Abra e dobre as laterais do tecido até a demarcação feita ao meio. À máquina, costure o viés em uma das laterais. Esse será o acabamento do bolso porta-lenço!

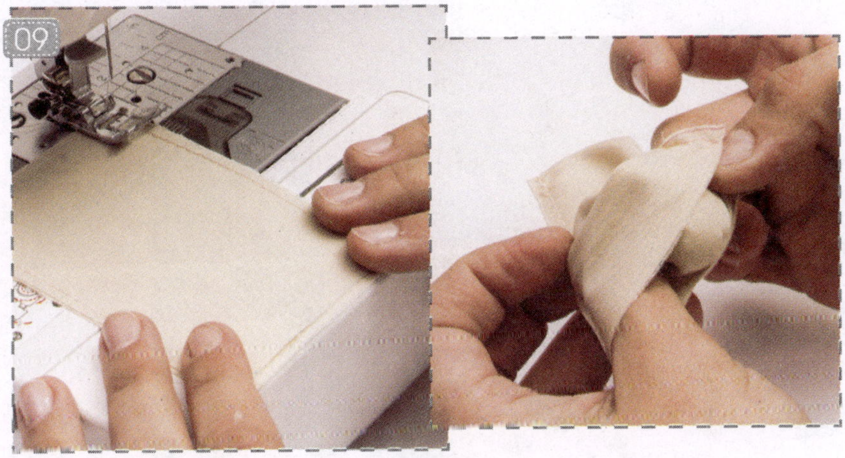

08. Com o recorte do bolso de fraldas, 26 cm x 32 cm, dobre ao meio, ficando assim 26 x 16 cm. Coloque avesso com avesso e rebata na borda. Isso dará um acabamento. Reserve.

09. Separe a tira que será feito o porta pomada. Dobre ao meio do avesso e costure as laterais. Vire e reserve.

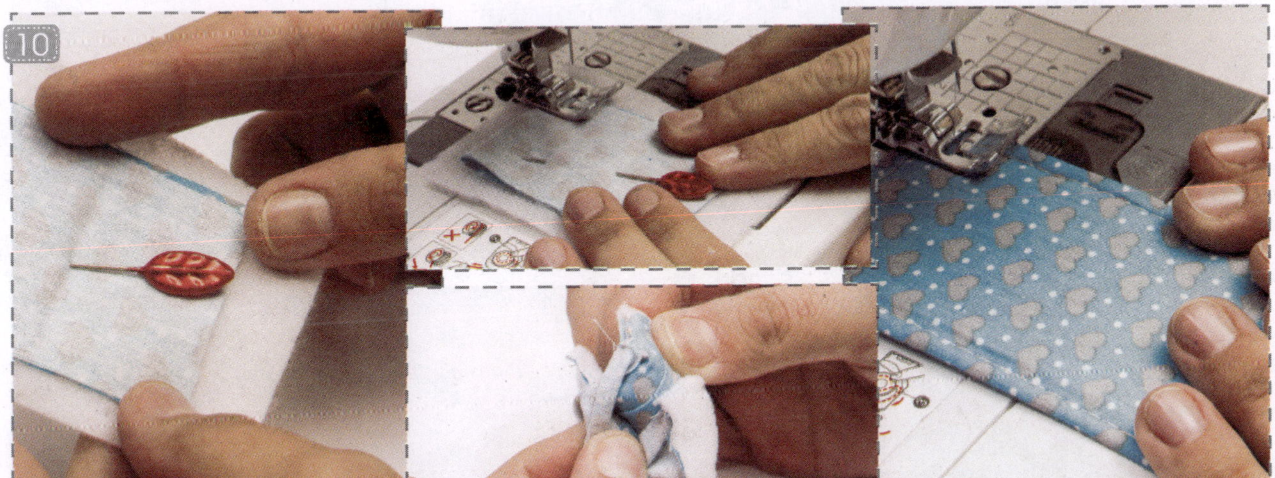

10. Separe a tira que será o fecho. Dobre ao meio do avesso. Coloque sobre a manta R1 e costure as laterais. Vire e rebata as laterais. Recorte o excesso e vire a peça.

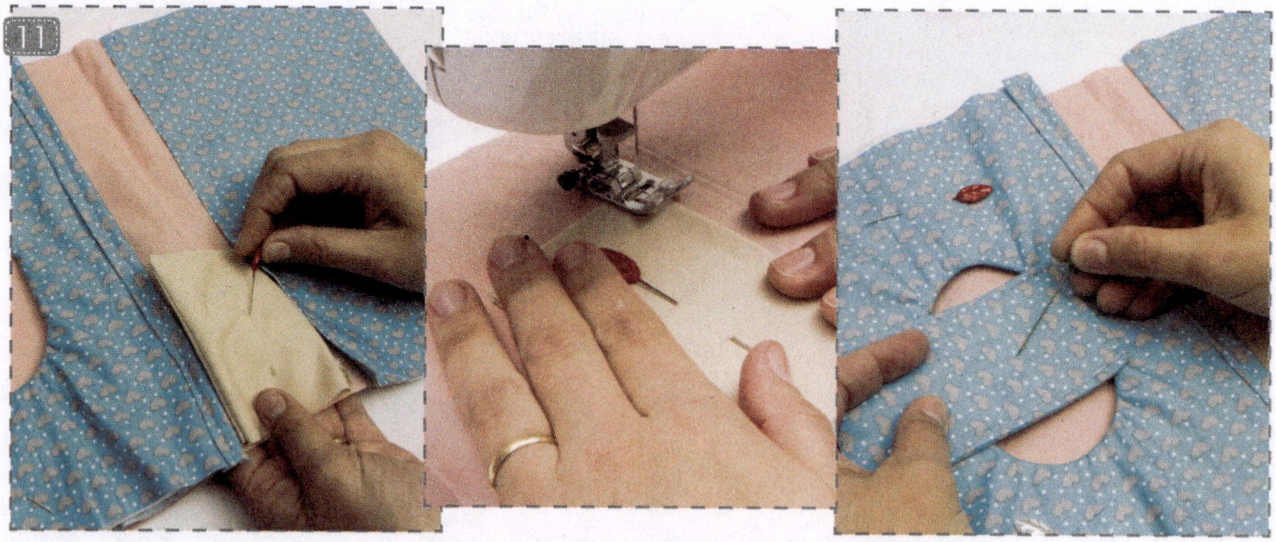

11. Selecione o forro e posicione todas as peças, conforme o esquema abaixo. Costure no forro o pedaço de tecido do porta-pomadas. Prenda as demais peças com alfinetes. O fecho deverá ser colocado nesse momento.

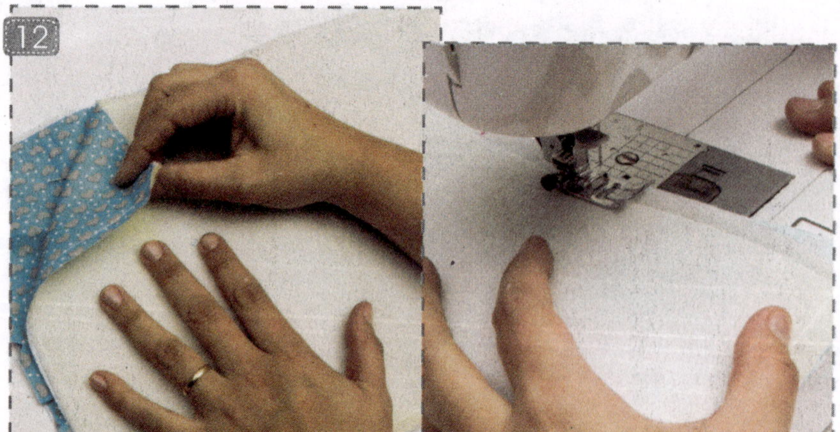

12. Costure toda lateral respeitando o limite da abertura para que a peça seja virada.
13. Retire os alfinetes com cuidado e desvire a peça. Acerte bem e passe para assentar as bordas e desamassar o tecido.

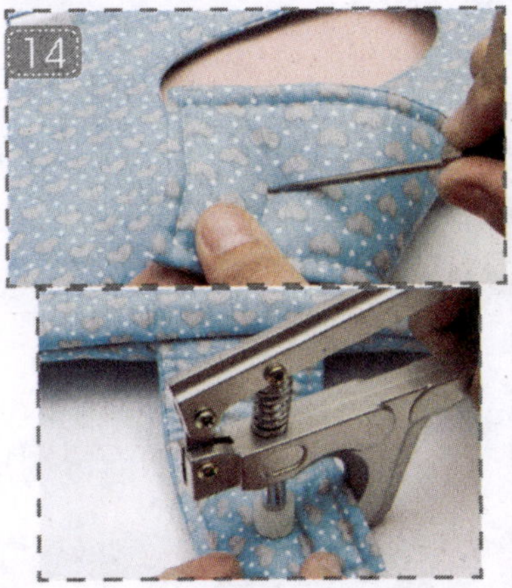

14. Após passar bem a peça, será a hora de colocar o botão. Coloque as fraldas e o lencinho na peça e feche-a. Dessa forma, conseguirá identificar a posição do botão com a peça cheia. Marque com caneta. Com ajuda do furador, faça o furo no tecido do fecho e coloque o botão escolhido. Pode-se utilizar o balancin ou o alicate para esse procedimento. Depois, com a peça ainda cheia, verifique onde o botão ficará posicionado do outro lado da peça, pressione e marque com caneta. Repita o procedimento de colocação de botão nessa outra parte, A peça deverá estar aberta. Feito isso, acerte bem a abertura e cole com cola universal ou cola pano. Caso queira, pode-se fechar com ponto invisível. Sua peça está pronta para arrasar com as mamães!

MOLDES - ESQUEMA DE CORTE DE TECIDO

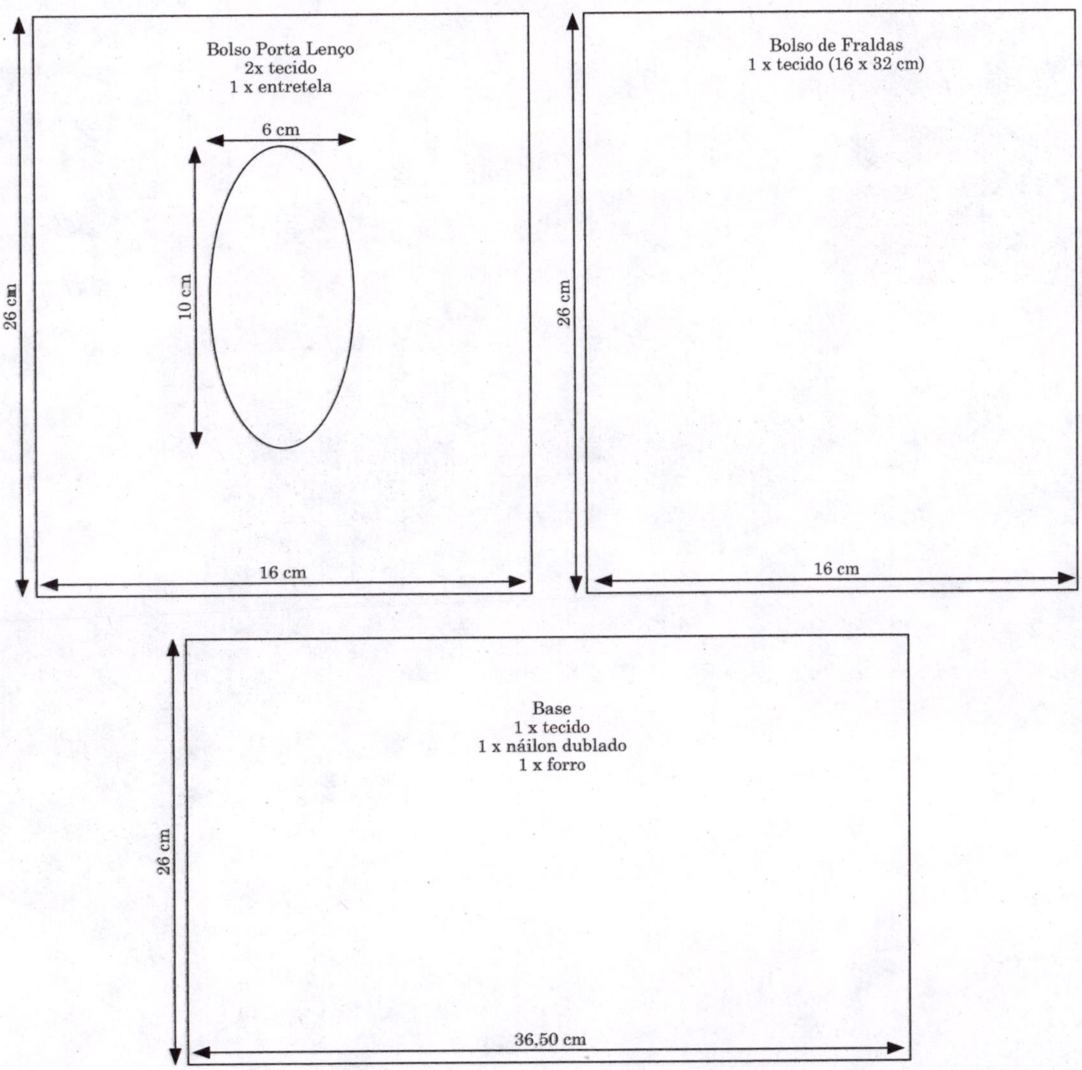

Criação: Flávia Brandão Bilatto • Fotos: Fernanda Venâncio

Porta-papel higiênico DE CORUJA

MATERIAIS:

- Base de corte
- Tesouras para papel e tecido
- Cortador
- 3 botões médios, sendo dois pretos e um com desenho de coruja
- Papel-cartão
- Retalhos de tecido (com duas estampas diferentes, mas que sejam harmoniosas)
- Tecido de algodão branco estampado (para os olhos)
- Máquina de costura
- Linha de costura branca
- Manta acrílica R2 (58 x 17 cm)
- Linha Mouline para bordar (a cor deve ser de acordo com a estampa do tecido)
- Tic-tac
- Sisal decorativo
- Molde de coruja (apresentado no final desta edição)

PASSO A PASSO

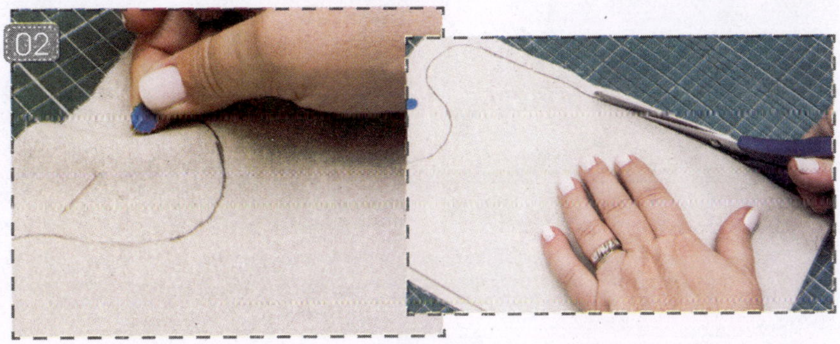

01. Em cima da base de corte, com a caneta, risque o contorno da coruja no verso do tecido estampado. Atenção: o tecido deve estar dobrado, devendo riscar no verso do tecido. Faça o mesmo procedimento no tecido com outra estampa.

02. Com a tesoura, recorte no risco. **Dica:** alfinete os tecidos para não criar movimento entre os mesmos no momento da costura. Recorte a outra peça de estampa diferente. Reserve as peças.

03. Em cima da base de corte, com o cortador, corte a manta acrílica no formato 58 cm x 17 cm.

04. Com a caneta, risque as asas, o bico e os olhos da coruja no termocolante, deixando 0,5 cm de margem. Com a tesoura, recorte os moldes no termocolante.

05. Com o ferro em temperatura morna, sobreponha o termocolante em cima do verso do tecido e passe a ferro. Faça esse mesmo procedimento com todas as peças, assim como mostra a imagem.

06. Com as mãos, retire a película do termocolante e aplique o tecido em cima do corpo da coruja (tecido maior). Faça isso com as asas, o bico e os olhos da coruja.

07. Com a linha Mouline e a agulha, faça o caseado ao redor dos tecidos aplicados.
08. Com a linha preta e a agulha, pregue os botões como os olhos da coruja. Com a caneta apagável, risque os cílios de cada olho. Com a linha preta, borde os cílios.
09. Sobreponha o tecido com a parte dos tecidos aplicados para cima sobre a manta. E sobre o tecido com os desenhos aplicados, sobreponha o outro tecido estampado. Atenção: os tecidos ficam frente com frente.

10. Para fazer a alça da peça, com a tesoura, corte uma tira de 5 cm x 28 cm do tecido estampado. Dobre cada lateral do tecido até o centro do mesmo, assim como mostra a imagem. Dobre novamente ao meio e, à máquina, faça uma costura e dobre-a ao meio.

11. Posicione a alça dobrada entre os tecidos, deixando a parte dobrada para baixo, assim como mostra a imagem. Alfinete para prender melhor os tecidos.

12. Com a caneta, faça uma marcação de 10 cm em cima de um dos tecidos. Nessa marcação, não pode costurar, pois é ela que será a abertura para virar a peça. À máquina, costure as demais partes com um pé de máquina por toda a lateral da peça.

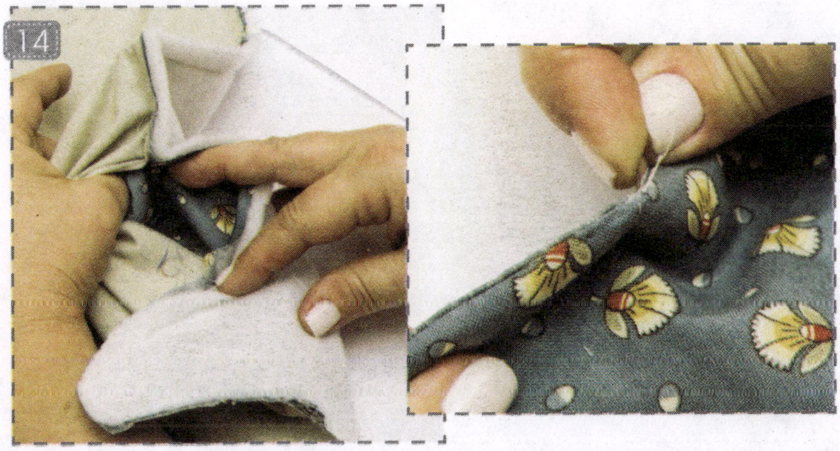

13. Com a tesoura, corte os excessos de manta. Faça picos nas partes curvas, a fim de a peça não ficar enrugada. **Dica:** se quiser, pode recortar com a tesoura de picotar. Assim, você não precisa fazer os picos com a tesoura!

14. Pela abertura deixada, desvire a peça. Com a linha e a agulha, faça pontos invisíveis para fechar a abertura.

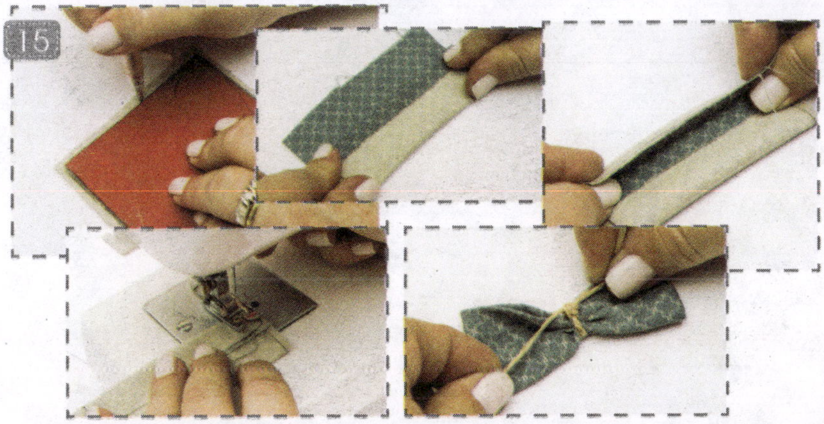

15. Com um molde quadrado de 9 x 9 cm, risque, com a caneta, no tecido com a mesma estampa da asa da coruja. Dobre o tecido ao meio e mais uma vez dobre ao meio, conforme mostra a imagem. Costure à máquina, deixando um lado sem costurar. Desvire o tecido e faça pontos invisíveis para fechar. Com o sisal, faça um laço ao centro.

16. Com a linha e a agulha, costure à mão o laço na peça. Feito isso, costure o botão com desenho de coruja no centro do laço. Com o Balancin, coloque um tic-tac na peça logo acima dos olhos. **Dica:** caso não tenha o Balancin, com linha e agulha, pregue um botão comum.

Criação: Claudia Haraguchi, da Presentes de Pano • Fotos: Fernanda Venâncio

PASTINHA PARA desenho

MATERIAIS:

- Tecidos de algodão (2 estampados e 1 liso)
- Tesoura
- Base de corte
- Cortador
- Ferro de passar
- Alfinetes
- Caderno e giz de cera

MEDIDAS

PARTE DA PEÇA	LARGURA	ALTURA
Frente A	35 cm	24 cm
Forro (mesmo tecido)	35 cm	24 cm
Bolso lápis A	35 cm	28 cm
Bolso lápis B	35 cm	18 cm
Alça frente (2x)	24 cm	5 cm
Alça verso (2x)	24 cm	5 cm
Alça do fechamento	13 cm	6,5 cm
Velcro	4,5 cm	
Feltrinho	37 cm	26 cm
Plástico (para artesanato 20 g)		

PASSO A PASSO

01

01. Com a ajuda da base de corte, corte os tecidos com as medidas indicadas no box acima. Feito isso, à máquina, costure o feltrinho (manta estruturada) no tecido da frente com pontos ziguezagues. Com a tesoura, corte os excessos de feltrinho ao redor da peça.

02. À máquina, costure um dos velcros na alça do fechamento a partir do centro e bem no início da dobra. Costure as alças com um pé de máquina (ponto normal) frente com frente do tecido. Feito isso, vire a peça e pesponte as laterais, a fim de dar um acabamento mais bonito! **Dica:** costure o velcro bem próximo à borda!

03. Alinhe os tecidos dos bolsos e faça uma costura no centro (A) com os três tecidos (forro e os dois bolsos). Feito isso, costure as divisões do giz de cera, iniciando do centro para fora com 5,2 cm de distância, unindo somente os bolsos!

04. Encaixe o plástico entre os dois bolsos. Com a tesoura, corte o excesso de plástico e costure-o na peça.

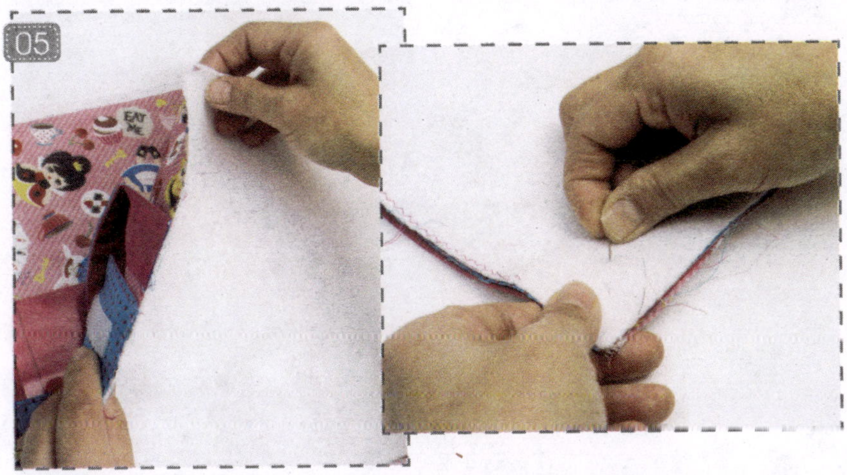

05. Desvire a peça e pesponte, costurando tecidos direito com direito. Alfinete para dar mais firmeza aos tecidos.
06. Desvire a peça. Feito isso, fixe as alças com pontos ziguezagues, distantes 6 cm (3 cm de cada lado a partir do centro). Do outro lado, centralize a alça de fechamento e costure com ziguezague para fixar bem. Costure o outro velcro no centro do tecido, estando distante 1,5 cm da borda.

07. Junte as duas partes com a frente para dentro e passe uma costura (ponto normal) por toda a volta. Descosture um dos lados, a parte do fundo em cima, e vire a peça. Ajeite bem os cantos e costure toda a volta com o ponto de acabamento. Encaixe o caderno no lado direito e os gizes de cera no lado esquerdo.

Criação: Luciana Pumputis • Fotos: Fernanda Venâncio

Acessórios PARA BEBÊ

PASSO A PASSO PORTA-LENÇO

MEDIDAS

(1x) 28 x 24 cm (tecido corpo)
(1x) 28 x 10 cm (tecido barrado)
(2x) 28 x 19 cm (tecido forro)
(1x) 10 x 3,5 cm (tecido barrado com alça)

MATERIAIS:

- Tecido tricoline com estampa de passarinho
- Tecido tricoline azul com estampa poá
- Tecido tricoline branco com corações
- 30 x 35 cm de manta
- Alfinetes
- Tesoura
- Máquina de costura
- 1 botão médio
- Linha de costura branca
- Agulha de costura

01. Tenha os tecidos cortados nas medidas definidas no box. Feito isso, una a parte do corpo com o barrado. **Dica:** use alfinetes para firmar melhor os tecidos.
02. À máquina, costure o corpo e o barrado.
03. Abra a peça e sobreponha-a em cima da manta acrílica, sendo o avesso do tecido com a manta.

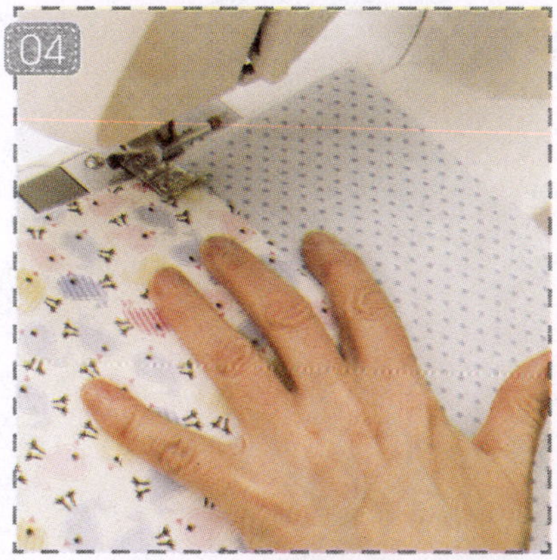

04. À máquina, faça uma costura dos dois lados e por toda a peça.
05. Dobre a alça ao meio para vincar e dobre cada uma das pontas até este vinco. Dobre mais uma vez até o meio por duas vezes. Corte os excessos de manta com a tesoura.

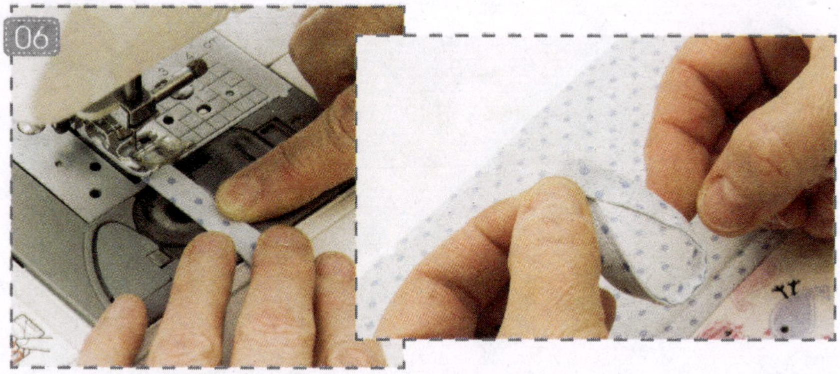

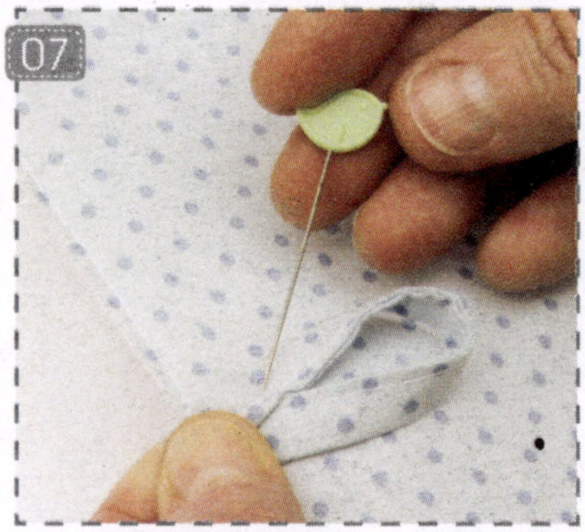

06. À máquina, faça uma costura. Com as mãos, faça uma alcinha.
07. Dobre a peça com a manta, a fim de achar o centro, e, com a tesoura, faça um pique. Alfinete a alça onde fez o pique.

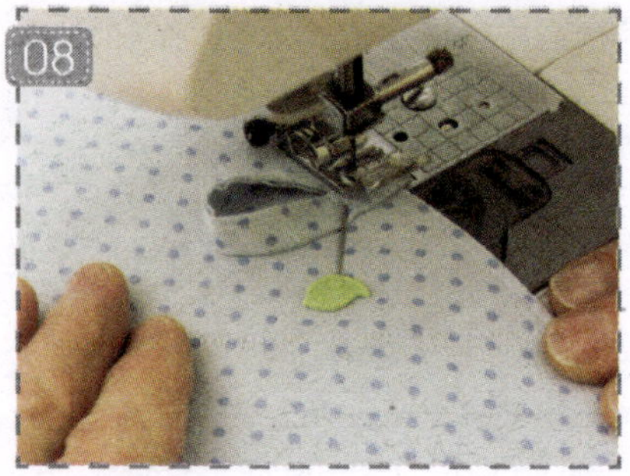

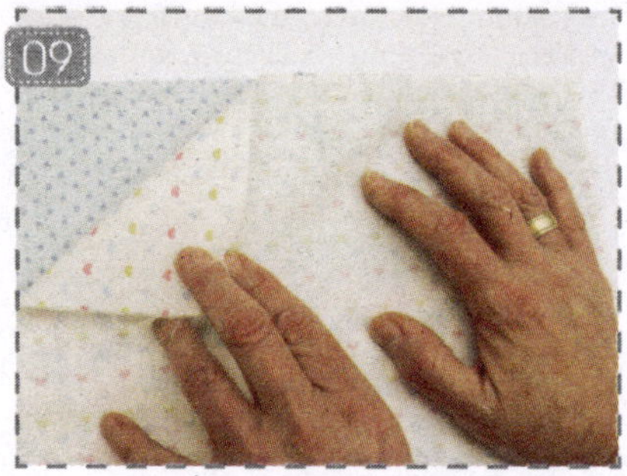

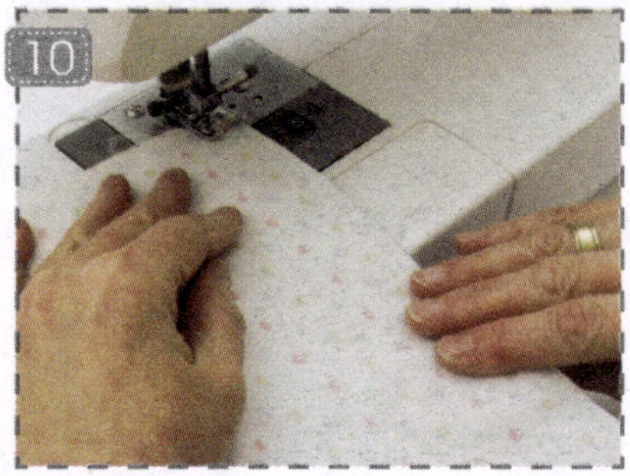

08. À máquina, faça uma costura de segurança para melhor fixar a alça.
09. Sobreponha a parte do forro do lado avesso em cima da peça (parte da alça). **Atenção:** se usar um tecido estampado com direção (a exemplo de um ziguezague ou chevron), preste atenção para que o posicionamento da estampa fique correto!
10. À máquina, prenda uma parte do forro. Costure a outra parte do forro do outro lado da peça (apenas a lateral do forro).

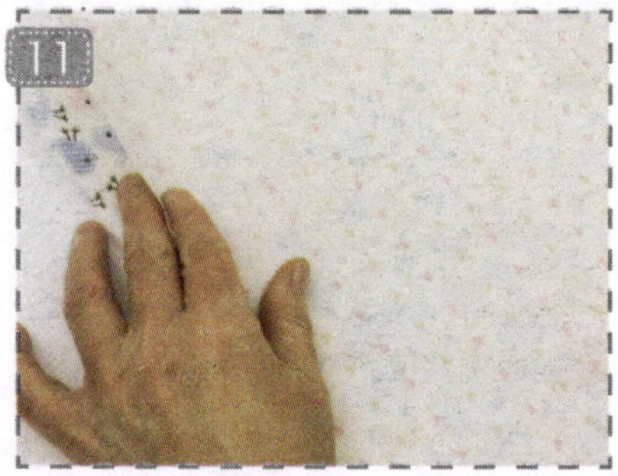

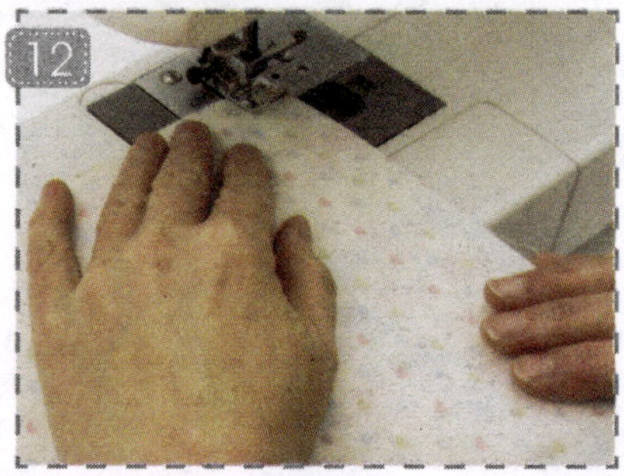

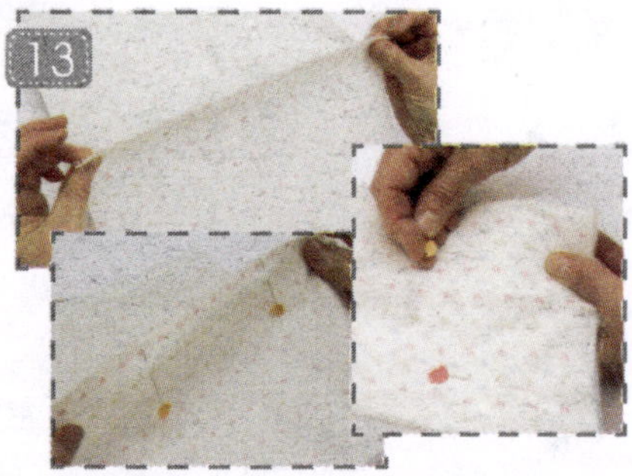

11. Junte as duas laterais, assim como mostra a imagem, e passe uma costura. Alfinete antes para dar mais firmeza aos tecidos.
12. À máquina, faça uma costura para unir as partes do forro.
13. Dobre a peça para achar o meio, juntando bem as costuras. Com a tesoura, faça um pique na ponta da manta acrílica. Para este meio (pique), leve as pontas do forro. É a ponta da manta que vai encostar na dobra! Alfinete para firmar os quatro lados da peças. Assente bem as costuras, a fim de ficarem alinhadas.

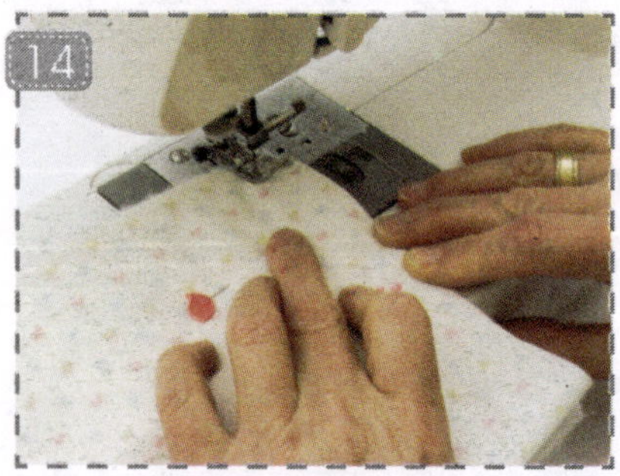

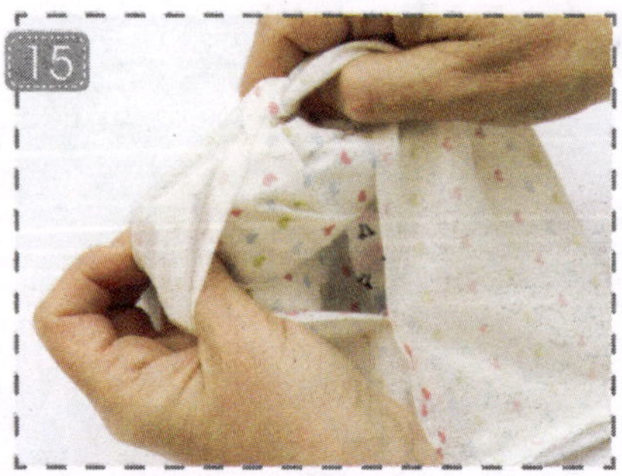

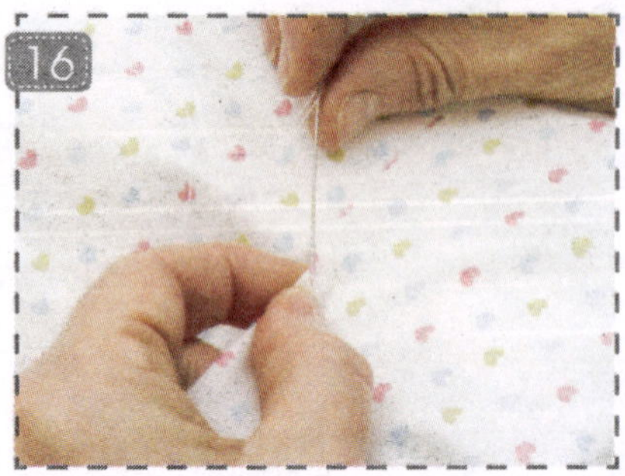

14. À máquina, costure as laterais da peça.
15. Pela parte central aberta, desvire a peça.
16. Com a linha e a agulha, feche a peça com pontos invisíveis.

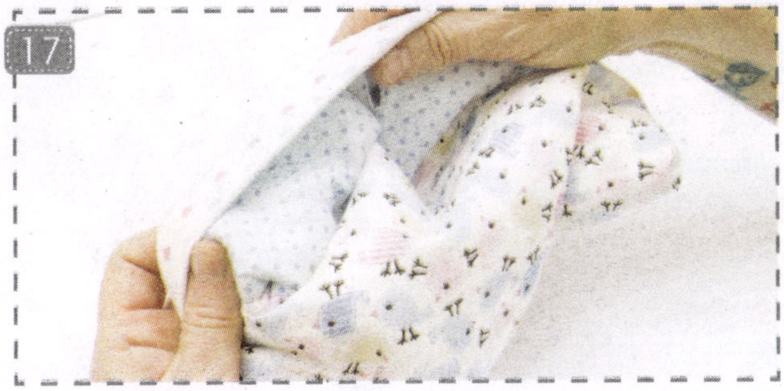

17. Após a costura, vire a peça novamente, para que o tecido do "corpo" fique aparente.
18. Com a linha e a agulha, pregue o botão no centro da peça. O botão pode ser da cor da peça ou forrado com o mesmo tecido.

PASSO A PASSO PORTA-FRALDAS

MEDIDAS

Medidas dos tecidos:
(1x) 29 x 18 cm (base)
(2x) 29 X 18 cm (còrpo)
(2x) 29 x 24 cm (forro)
(2x) 11,5 x 25,5 cm (base) para aba
Observação: arredondar os cantos

Medidas da manta:
(1x) 32 x 52 cm (corpo)
(1x) 29 x 14 cm (aba)

MATERIAIS:

- Alfinetes
- Máquina de costura
- Ferro
- Tesoura
- Tecido tricoline azul com estampa poá
- Tecido tricoline com estampa de passarinho
- Tecido tricoline branco com estampa de corações
- Manta
- 2 botões de plástico de pressão

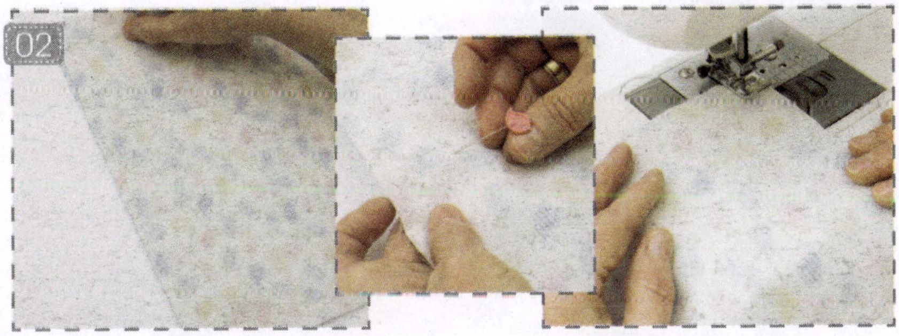

01. Junte as duas partes do corpo com a base ao centro, assim como mostra a imagem.
02. Una direito com direito (uma das partes do corpo com a base). Alfinete para fixar bem os tecidos. À máquina, costure uma das laterais.

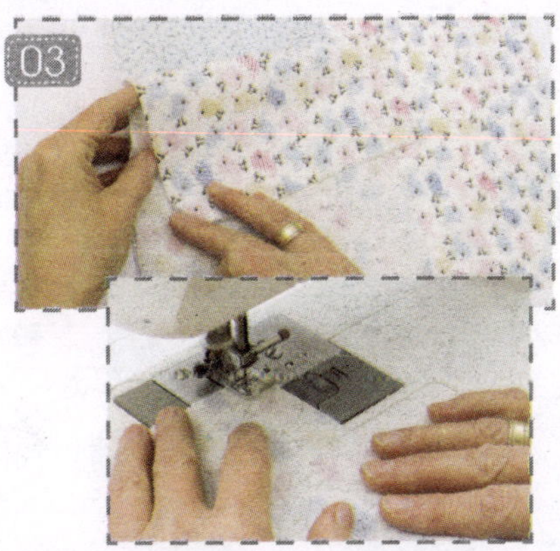

03. Sobreponha a outra parte do tecido referente ao corpo em cima da base (estampa com estampa). À máquina, faça uma costura na lateral.
04. Veja só como deve estar a sua peça!
05. Passe a ferro para abrir bem a peça.

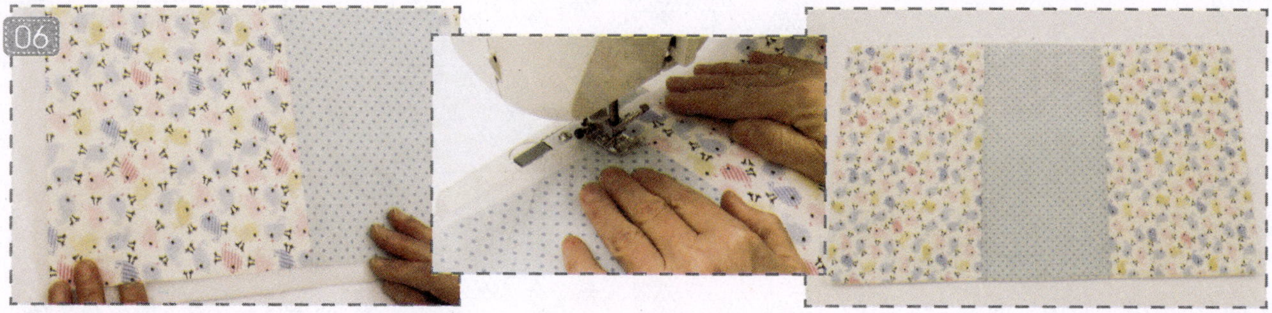

06. Sobreponha a peça em cima da manta (parte do corpo). À máquina, passe a costura. Faça uma costura em cada lado da base, na volta toda, e, com a tesoura, corte o excesso de manta. Reserve.

07. Para a aba, una os dois tecidos pelo direito com direito em cima da manta. Com a caneta ou lápis, risque a parte arredondada de algum objeto redondo (base de uma latinha, por exemplo) em uma das pontas do tecido. Faça esse procedimento dos dois lados. **Dica:** meça 3 cm de cada lado da ponta e risque. Alfinete para dar firmeza aos tecidos.

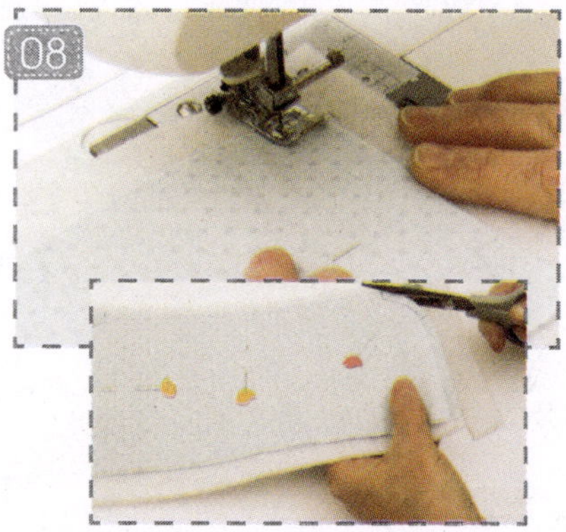

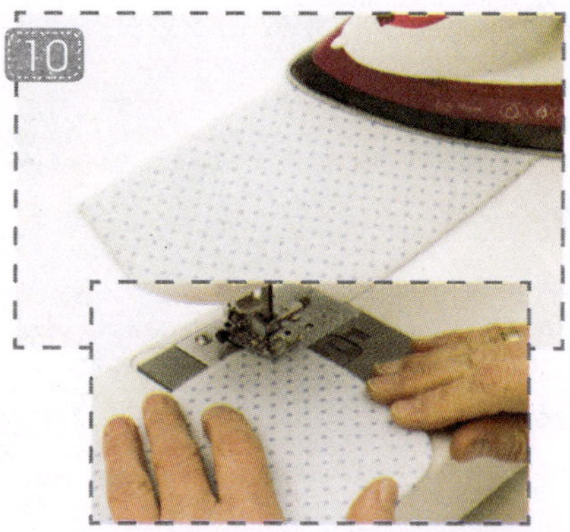

08. À máquina, costure a volta, deixando a parte de baixo toda aberta (a que não teve os cantos arredondados). Com a tesoura, corte os excessos de manta.
09. Com as mãos, desvire a peça.
10. Com o ferro, assente as costuras da peça. À máquina, rebata a costura.

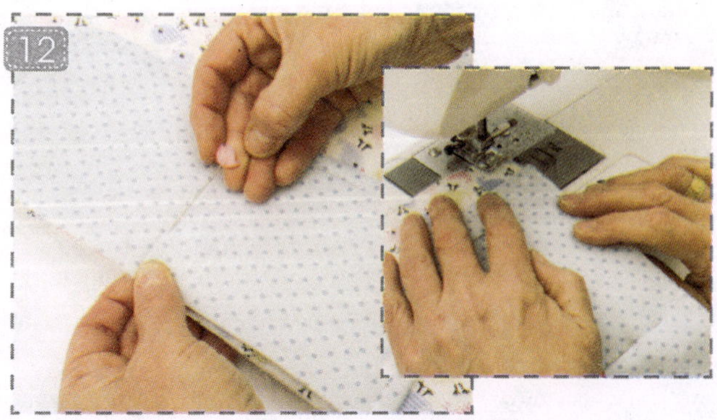

11. Para a montagem, dobre a peça geral ao meio e, com a tesoura, faça um pique ao meio. Faça o mesmo na aba.
12. Posicione a aba na marcação do meio e alfinete. À máquina, passe uma costura para unir a peça maior e a aba.

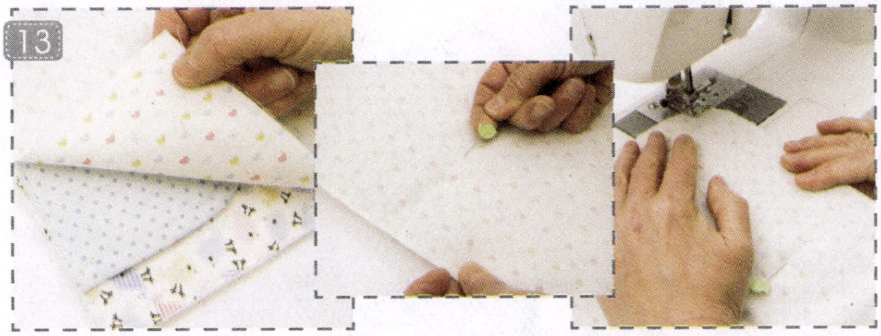

13. Posicione uma parte do tecido do forro, sendo do lado avesso, sobre a parte da peça maior, lateral com a aba. Alfinete e passe uma costura à máquina. Faça o mesmo procedimento do outro lado. À máquina, costure as laterais menores da peça.
14. Junte ao meio, corpo com corpo, a fim das costuras de ambos os lados ficarem bem casadas. Alfinete.

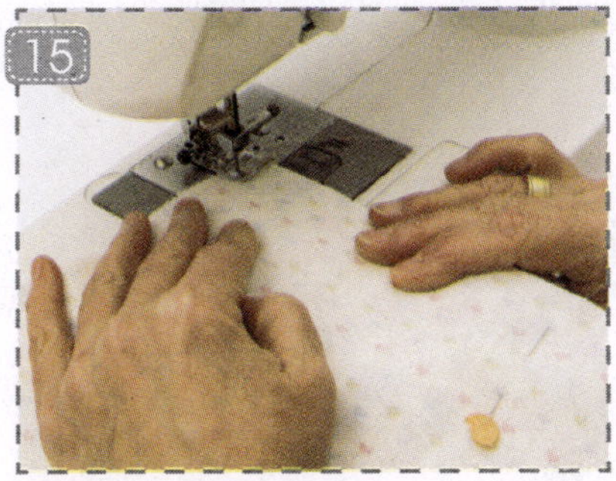

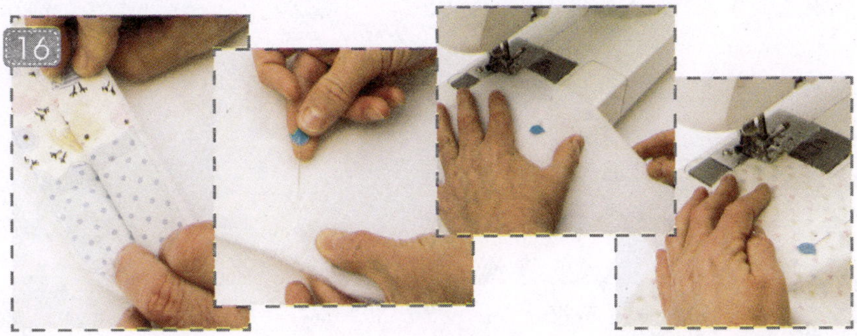

15. À máquina, feche todas as laterais da peça.
16. Alfinete os tecidos do forro e, à máquina, costure a lateral.

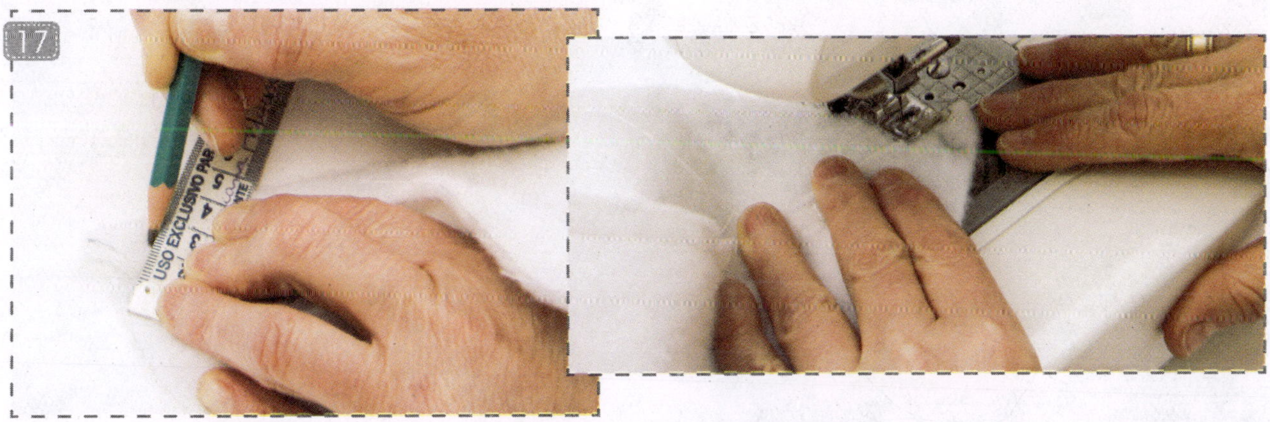

17. Coloque a mão por dentro da peça até o final e marque as "caixas de leite" no fundo da peça. Faça a caixa de leite com 3 cm. Com a fita métrica e o lápis, faça a marcação de 3 cm. À máquina, costure no risco. Faça o mesmo procedimento do outro lado da peça.

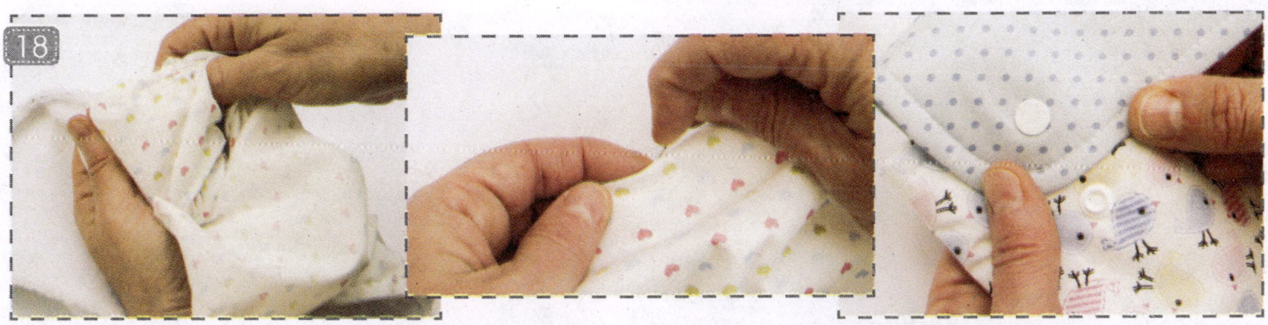

18. Com as mãos, desvire a peça. Com a linha e agulha, faça pontos invisíveis para fechar a abertura onde desvirou a peça. Com a ajuda de um balancim, coloque o botão. Caso não tenha esse instrumento, poderá pregar, com linha e agulha, um botão comum.

Criação: Edna Gama • Fotos: Fernanda Venâncio e
Carla Paraiso (passo pano de copa

DECORE COM galinha

PORTA-PANO DE COPA

MATERIAIS:

- 30 cm de TNT branco
- 40 cm de tecido de algodão preto com poá branco
- 10 cm de tecido de malha branca
- Retalhos de feltro amarelo
- Retalhos de feltro vermelho
- Linha de costura amarela, vermelha e branca
- Linha /Fio mágico
- Linha 10
- Tesoura
- Cola quente
- Alfinetes
- Agulha
- 2 botões (para fazer os olhos)
- 1 botão forrado de amarelo
- 1 giz branco de costura
- 1 m de sisal fino
- Palha da costa
- Viés branco
- 1 argola de acrílico incolor nº 20
- Enchimento siliconado
- 30 cm de manta acrílica
- caneta esferográfica
- Risco (apresentado no final desta edição)

01. Com uma caneta esferográfica, transfira 2 vezes o risco da galinha para o TNT branco.
02. Sobreponha o molde do TNT sobre a manta acrílica e recorte o molde dos dois juntos.

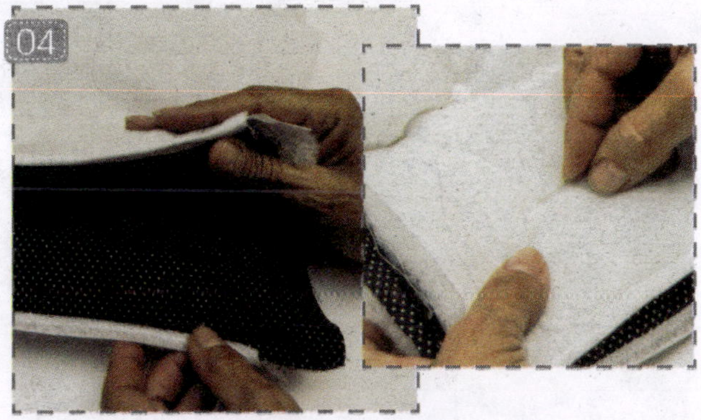

03. Na base da galinha já recortada, faça camadas com o tecido de poá do avesso e o TNT com o enchimento siliconado. Junte as partes com o viés e passe à máquina. Repita essa operação duas vezes, formando os dois lados do corpo da galinha.
04. Com o auxílio de alfinetes, junte os dois lados com o corpo da galinha, ficando os dois lados direito do poá para dentro e, assim, unindo poá com poá.

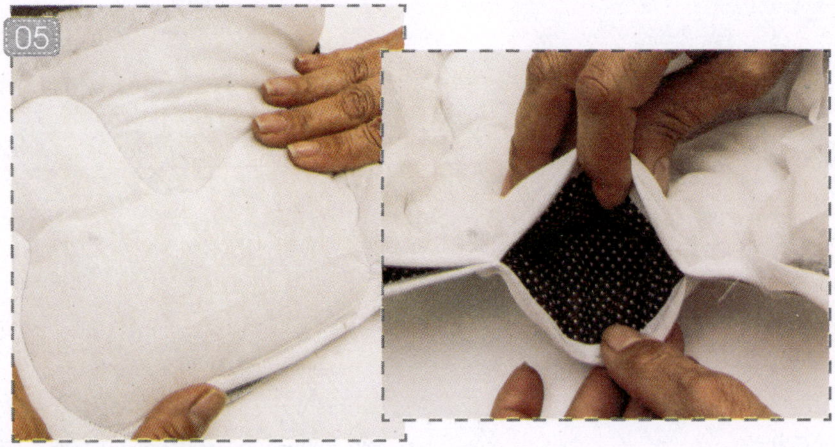

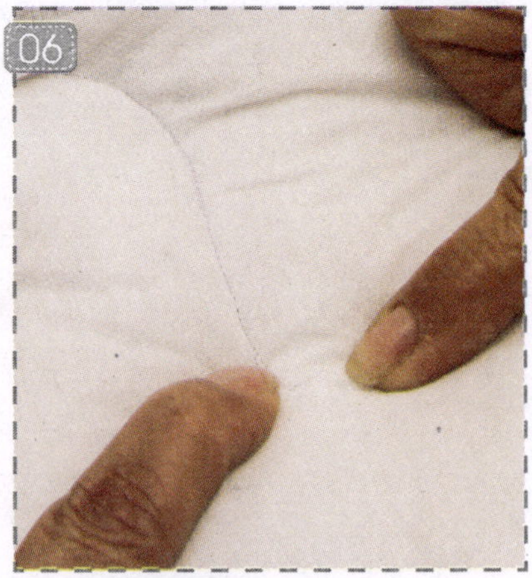

05. Na máquina de costura, una as duas partes, respeitando os riscos da galinha e deixando a parte inferior do corpo, já arrematada com o viés, aberta.
06. Atente-se: ao fechar o corpo, interrompa a costura na altura do final do pescoço da galinha, onde irá passar o cordão de sisal para fazer a alça de sustentação para prender a galinha.

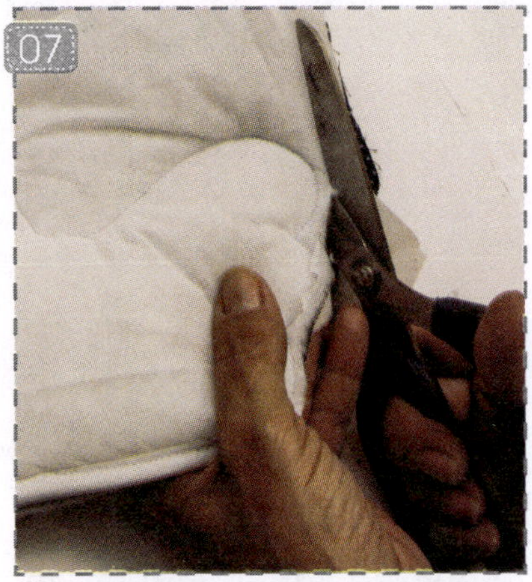

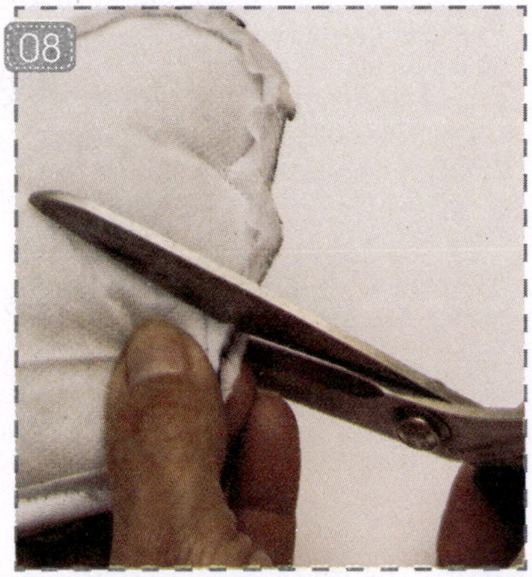

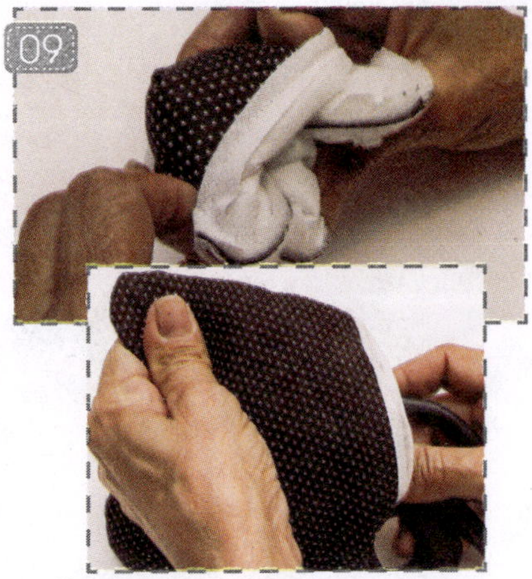

07. Recorte todo o contorno da galinha, deixando uma margem de 0,5 cm.
08. Nas curvas do corpo da galinha, dê pequenos cortes, que irão auxiliar e dar melhor acabamento na hora de virar a galinha.
09. Vire a galinha e, com o auxílio da tesoura, vá moldando as curvas do corpo. Reserve.

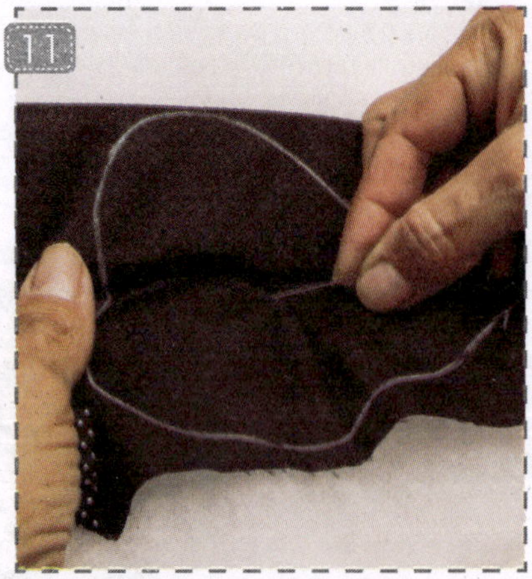

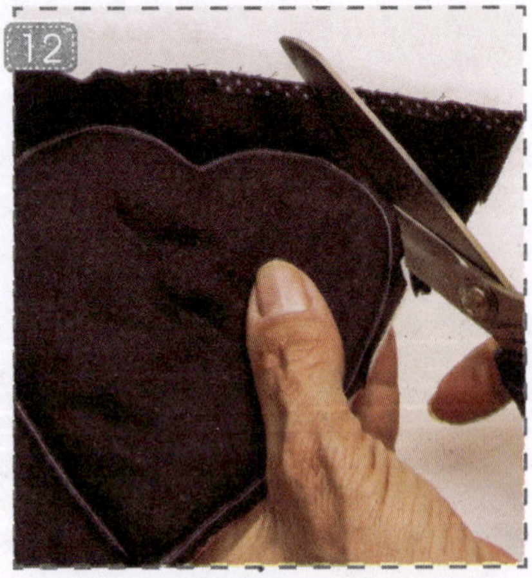

10. Com a ajuda do giz de tecido branco, marque o risco de coração no tecido de poá dobrado direito com direito, sendo pelo lado do. Faça essa operação duas vezes.
Dica: para aproveitar melhor o tecido marque os dois corações na posição inversa.
11. Com a ajuda de alfinetes, coloque a manta acrílica e fixe o tecido para passa-lo à máquina.
12. Com a tesoura, recorte cada coração, deixando uma margem de 0,5 cm.

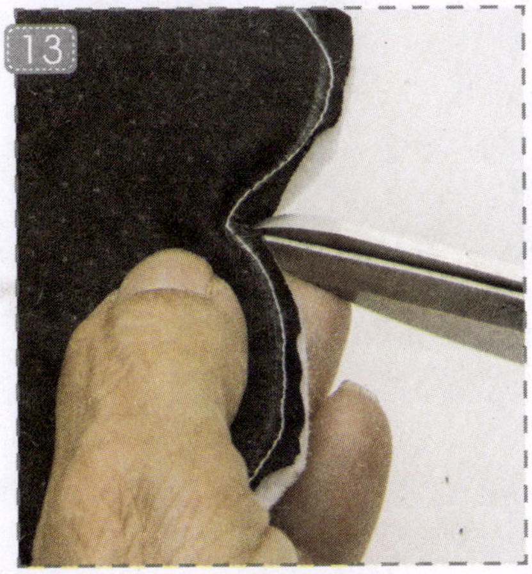

13. Após costurar todo o coração, com a tesoura, faça um pique na curvinha.
14. Com a tesoura, faça um corte só no primeiro tecido, bem no centro do coração para poder desvirar o mesmo.

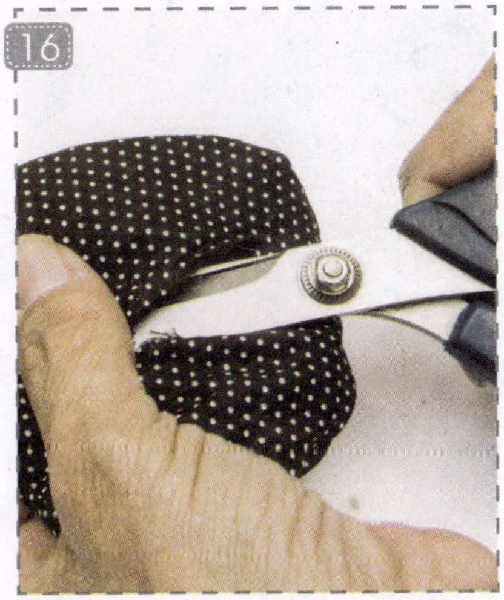

15. Com as mãos, desvire o coração.
16. Com o auxílio da tesoura, vá dando forma aos contornos do coração e assentando as costuras. Reserve.
17. Passe os moldes da crista e do papo da galinha para o feltro vermelho e passe o molde do bico para o feltro amarelo. Atenção: os tecidos devem estar dobrados ao meio, a fim de fazer duas partes. Com a tesoura, recorte-os.

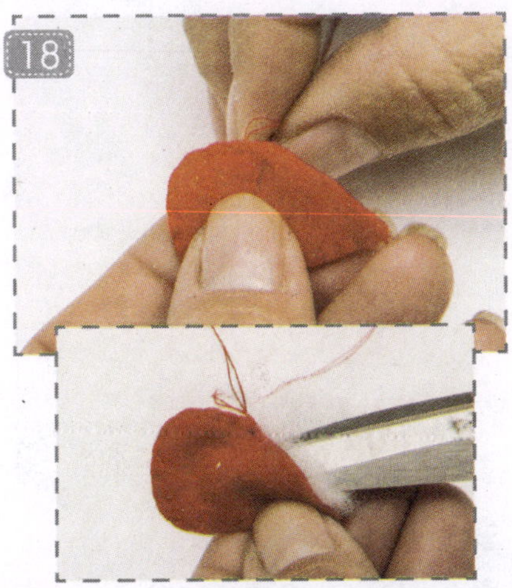

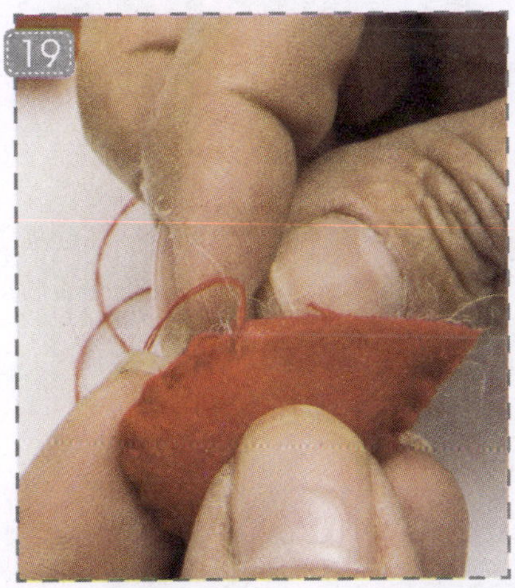

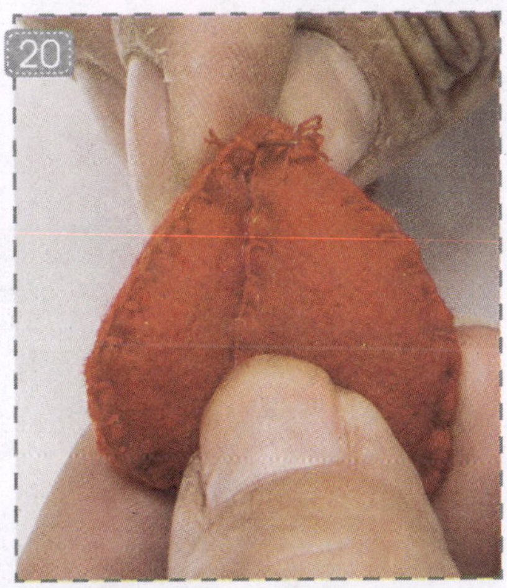

18. Com a linha de costura no mesmo tom do feltro, dê pontos de caseado unindo e fechando a peça, mas deixe uma abertura para poder completar com o enchimento siliconado. Aperte bem para deixar firme. Para auxiliar, use o bico da tesoura.
19. Finalize o fechamento das partes de feltro.
20. Com a agulha e a linha de costura, una as duas partes do papinho.

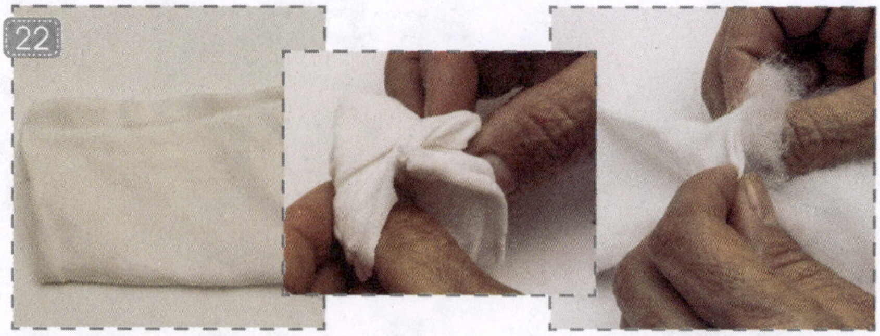

21. Depois do losango que formará o bico, repleto com o enchimento e fechado, dobre ao meio, e prossiga com o caseado até a metade do bico, deixando as pontas abertas para a abertura do bico.
22. Com o tecido de malha branca, faça com retalho de 10 cm x 10cm, dobre-o ao meio, ficando 5 cm por 10 cm e feche à máquina, deixando a parte inferior aberta para completar com o enchimento. Assim, você irá formar uma almofadinha! Arremate a parte aberta com uma agulha e linha.

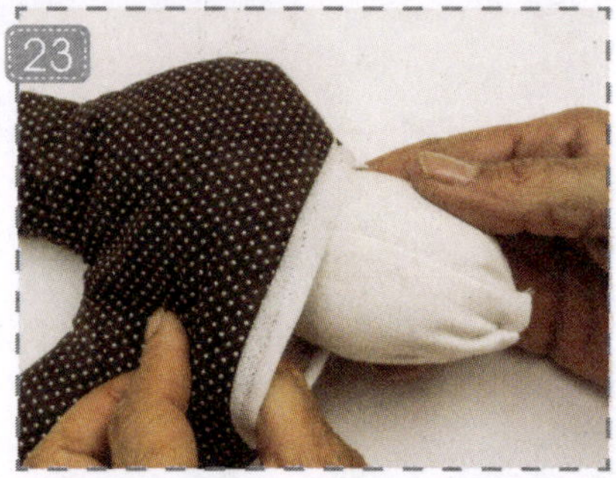

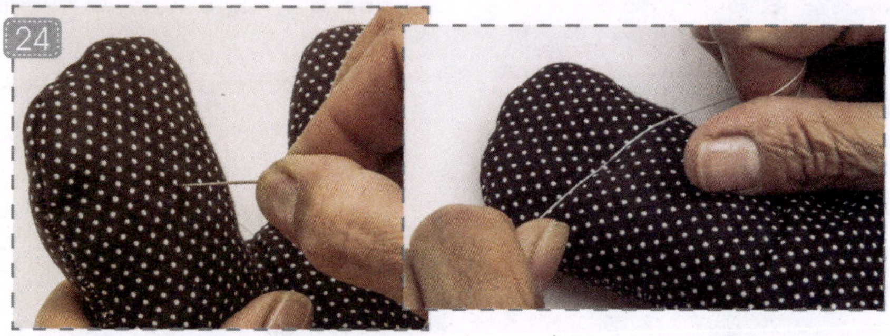

23. Com a almofadinha já pronta, recheie a cabeça da galinha para dar maior sustentação na cabeça.
24. Com a linha 10, marque os olhinhos da galinha, atravessando de um lado ao outro da cabeça e dê um nó, puxando um pouco para dentro. Dê um nó bem firme para fixar.

25. Para a montagem, centralize os corações um de cada lado e cole com cola quente. Com a cola quente, cole também a crista, o papo e o bico.
26. Com a cola quente, cole os olhinhos.9
27. Faça um fuxico e cole-o por cima de um lacinho feito com palhas da costa. Cole tudo com cola quente no pescoço da galinha.

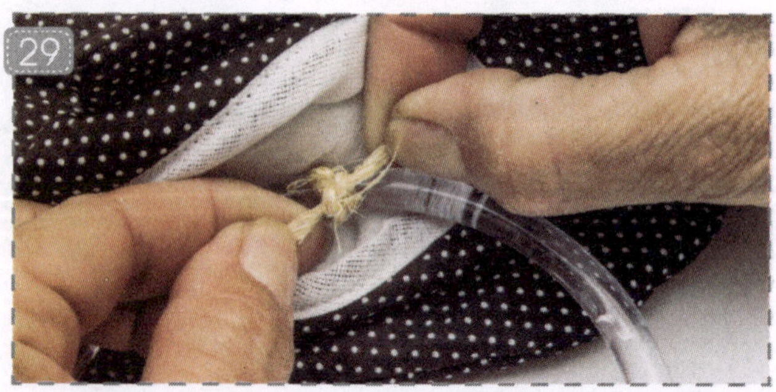

28. Com o fio do barbante dobrado ao meio, passe-o pela abertura do pescoço, deixando as pontas para dentro. Dê um nó para que o barbante fique fixo a uma determinada altura para formar a alça para pendurar.
29. Nas pontas que sobraram para dentro da galinha, prenda a argola de acrílico, deixando parte da mesma dentro da galinha.

PANO DE COPA

MATERIAIS:

- Retalhos de algodão de oito estampas diferentes, tendo como principal o tecido preto com poá branco
- Tesoura
- Máquina de costura
- Ferro de passar
- Linhas de costuras branca e preta
- Termolina
- Termocolante
- Saco alvejado
- Tinta para tecido de cor verde-oliva (pinta-tecido)
- Pincel chato fino nº 02
- 2 botões pequenos com formato de flor
- 2 botões pretos circulares (para fazer os olhos)
- 3 botões forrados de cor amarela
- Caneta esferográfica
- Cola pano
- Alfinetes
- Agulha

01. À máquina, faça a bainha no saco alvejado. Para tanto, dobre 0,5 cm e faça uma costura reta.
02. Para fazer o barrado, com a tesoura, corte o tecido preto com poá branca na medida de 52 cm X 12 cm.
03. Com a tesoura, corte também uma faixa de 52 cm X 5 cm. Essa faixa de tecido irá servir para arrematar o pano

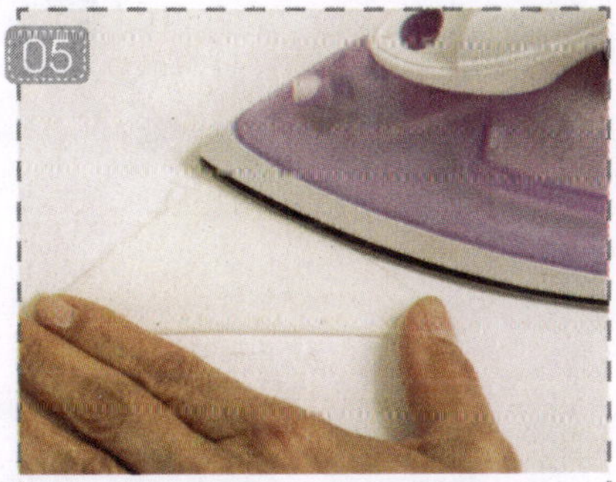

04. Com a tesoura, corte 5 quadrados de 10 X 10 cm do tecido branco.
05. Dobre os tecidos brancos ao meio e mais uma vez ao maio, fazendo um triângulo. Passe-os a ferro para assentar a dobra.
06. Posicione o barrado do lado avesso do saco alvejado. À máquina, costure a base do barrado e traga-a para a frente do saco. Passe a ferro para assentar a costura.

07. Dobre, para dentro do pano, o excesso das laterais do barrado e alfinete-o.
08. Dobre a faixa de 52 X 5 cm ao meio e passe a ferro. No vinco formado, dobre as laterais do tecido, assim como mostra a imagem.

09. Posicione os triângulos brancos de tecido em cima do barrado, um do lado do outro, assim como mostra a imagem.
10. Em cima dos triângulos, coloque a faixa preta de poá e alfinete para prendê-lo.
11. À máquina, faça uma costura reta na parte de cima e de baixo da faixa de poá.

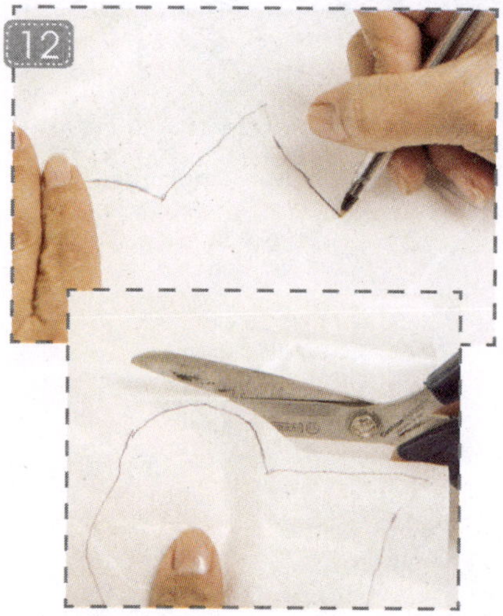

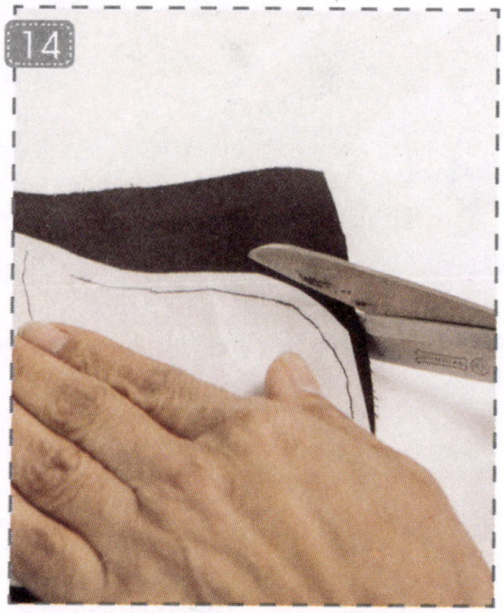

12. Com a caneta, transfira o risco para o termocolante e recorte-o.
13. Com o tecido do lado do avesso, fixe o termocolante com o risco, passando a ferro.
14. Com a tesoura, recorte no risco e reserve.

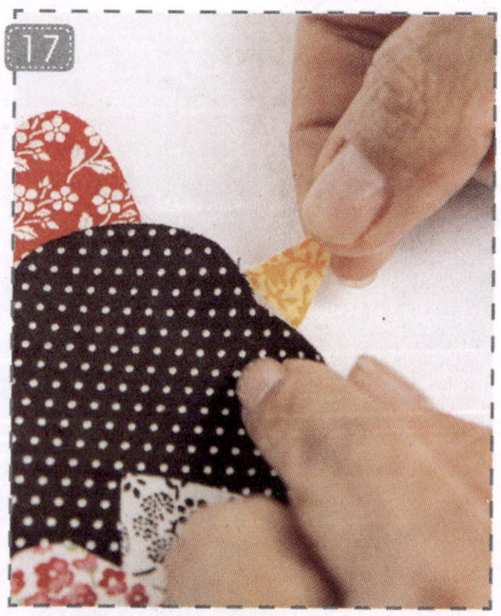

15. Com todos os riscos já recortados, posicione-os sobre o tecido branco, já demarcando a estampa desejada.
16. Destaque o termocolante das peças e prossiga com a colagem.
17. O bico, o papo e a crista devem ser colados por debaixo do corpo da galinha.

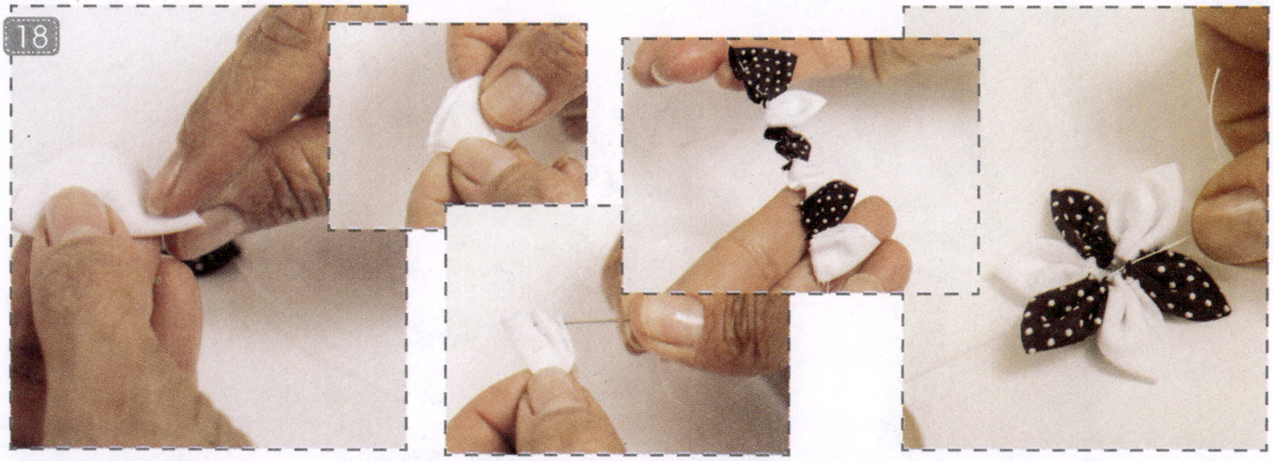

18. Com a tesoura, corte três círculos brancos e três círculos preto de poá, tendo cada um 5 cm de diâmetro. Dobre cada círculo ao meio e novamente ao meio. Com a linha e a agulha, franza na parte arredondada, formando um fuxico. **Dica:** faça esse procedimento na mesma linha, deixando uma ponta antes do nó. Dê um a dois nós ao centro, formando uma flor.

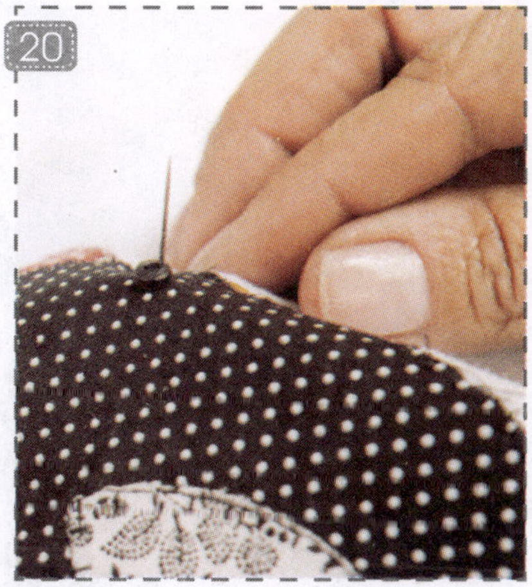

19. Com a linha de bordar preta e a agulha, caseie todos os desenhos. Dica: insira a agulha por trás, caseie e arremate por trás. Caseie a volta de todos os desenhos.
20. Com a linha preta e a agulha, pregue o olho (botão) da galinha.
21. Com o pincel, passe a termolina ao redor dos desenhos. Isso não deixará o trabalho desfiar.

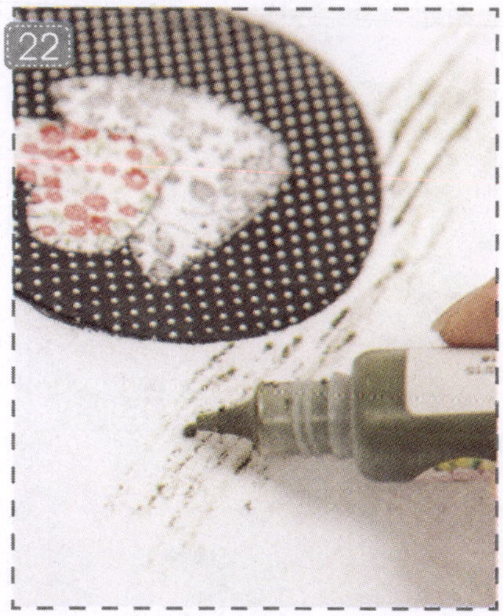

22. Para fazer o chão onde estará a galinha, faça riscos horizontais com o pinta-tecido de cor verde.
23. Com a linha e agulha, costure os botões com formato de flor na casinha, assim como mostra a imagem.
24. Com a cola pano, cole os botões forrados de cor amarela nos fuxicos. Por fim, cole os fuxicos no pé da casinha.

Inspire-se NESTAS IDEIAS

Seja com patchwork ou costura criativa, não falta criatividade para compor as mais lindas peças!

Fotos: Fernanda Venâncio

Ecobag com patch de abacaxi, *criação de Vanessa Barreta.*

Peça decorativa, *criação de Vanessa Barreta.*

Jogo americano, *criação de Nina Barcia.*

Bolsa com a técnica Log Cabin, *criação de Paula Kondo.*

Porta-recados, *criação do Ateliê da Flávia.*

Bolsa térmica estilo navy, *criação de Vanessa Barreta.*

Cachorrinho de patch, *criação do Ateliê da Flávia.*

Carteira, *criação de Paula Kondo.*

Acessórios diversos, *criação de Nina Barcia.*

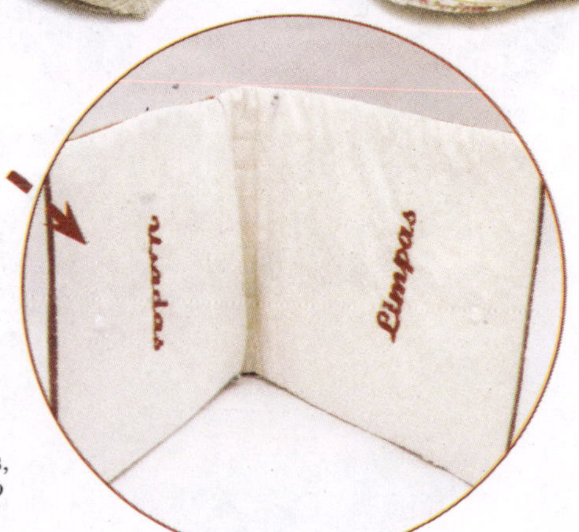

Porta-calcinhas, *criação do Ateliê da Flávia.*

Porta-recados de pinguim, *criação do Ateliê da Flávia.*

Carteira, *criação de Nina Barcia.*

Caminho de mesa, *criação de Nina Barcia.*

Bolsa a tiracolo, *criação de Paula Kondo.*

Bolsa térmica, *criação de Vanessa Barreta.*

Bolsa, *criação de Nina Barcia.*

Bolsa, *criação de Paula Kondo.*

Bolsa a tiracolo, *criação de Nina Barcia.*

Nécessaire, *criação do Ateliê da Flávia.*

Panô de arara, *criação de Nina Barcia.*

Patch... tradução!

Desvende os significados dos principais termos técnicos que envolvem o universo do patchwork

A

ÁLBUM QUILT – Um quilt feito de vários blocos diferentes construídos por diversas pessoas. Frequentemente, é dado como lembranças.

ALFINETES DE SEGURANÇA (*PIN-BASTE*) – São alfinetes que prendem o sanduíche de um quilt e os mantêm presos durante o quilting. Somente serão removidos quando o quilting estiver completo.

ALINHAVO – São pontos grandes costurados ao longo do trabalho para segurar o tecido temporariamente no lugar. O alinhavo é feito na etapa do sanduíche, em que as três camadas do quilt (topo, enchimento e forro) são unidas, formando uma camada para depois ser feito o trabalho de quilting. Podem ser usados alfinetes de segurança e alfinetes longos para segurar o sanduíche. Essa etapa do sanduíche é muito importante para a finalização do trabalho (que é feito à mão). Também se faz o alinhavo na técnica de aplicação para que as peças a serem aplicadas não saiam do lugar. Os pontos de alinhavo são grandes, diferentes do quilting.

ALTERNATE BLOCKS (blocos alternados) – Blocos secundários que se alternam com os blocos principais em uma colcha. Eles podem ser planos ou trabalhados.

AMISH QUILT – É um estilo originado das comunidades "Amish" da Pensilvânia ou do meio-oeste americano (Ohio ou Indiana). Normalmente, são usados tecidos lisos em fundo marinho ou preto. As bordas têm um design popular. Os padrões são geométricos e simples. Necessariamente, não precisa ser feito por um Amish para ser um amish quilt. É um estilo.

APLICAÇÃO – 1) Uma técnica em que pedaços de tecidos são costurados sobre outro tecido (fundo), formando um desenho. Pode ser feita à mão ou à máquina. Algumas vezes, são usados alguns pontos de bordado para finalizar o trabalho. Há várias formas e materiais de aplicação no mercado. 2) Costurar pequenos pedaços de tecido sobre um tecido maior. Normalmente estes pequenos tecidos tem formas. Exemplo: flores, estrelas, borboletas, etc.... Pode-se aplicar à mão, ou à máquina. Quando feito à mão, usa-se ponto de casear, ou virada da agulha, ou mesmo pesponto deixando as bordas livres.... Quando feito à máquina, usa-se ponto de casear ou ziguezague, ou ainda algum ponto de bordar, ou também o pesponto deixando as bordas livres. Ao aplicar deixando as bordas livres, deve-se ter o cuidado de usar tecidos que não desfiem muito, principalmente ao lavar. Atualmente usa-se muito feltro.

APPLIQUÉ – O mesmo que aplicação.

APPLIQUÉ PINS – Alfinetes especiais para aplicação. Possuem o tamanho de, mais ou menos, 1/2. São pequeninos e facilitam o trabalho na hora de aplicar. Também há variação no tamanho, dependendo da técnica.

ASSEMBLY PIECING – Maneira de emendar os blocos em conjunto ou seções, formando uma sequência. São costurados vários blocos ao mesmo tempo. É o mesmo que "chain piecing".

ASSINATURA OU ETIQUETA – É a escrita, à mão ou bordada, da quilter responsável pela colcha, num retângulo de tecido de 8×11 cm, em que constam os seguintes dados: nome do trabalho, data, dedicatória (opcional) e técnica utilizada. Esta etiqueta é costurada ao forro do quilt.

AUTOGRAPH QUILT – (quilt de assinaturas) – Um quilt com assinatura dos amigos, feito em conjunto, para um acontecimento. Também é chamado de memory quilt, álbum quilt ou signature quilt.

B

BACKING (apoio) – As "costas" ou a parte de trás de um quilt. É a terceira camada do "sanduíche". Tradicionalmente, é feito com um único pedaço de tecido, podendo ser liso ou estampado. É também conhecido como forro.

BACKGROUND (fundo ou base) – Tecido que serve como base. Normalmente, são usados panos claros os chamados "neutrinhos" (brancos, bege-claro ou cremes). Também pode ser o tecido em que o molde do aplique é costurado e, geralmente, dá leveza ao trabalho.

BACK STICH – Um ponto de bordado feito para trás.

BALTIMORE – Estilo de aplique elegante e complexo, muito popular no início do século XIX em Baltimore, Maryland (E.U.A). O Baltimore tradicional usa como base um tecido branco com aplicações florais nas cores vermelha e verde, formando arranjo ou buquê.

BARGELLO – Estilo que usa a técnica de piecing ou rotary cutting, em que tiras de cores e larguras variadas de tecidos são cortadas e costuradas primeiro em jogos horizontais, depois cortadas e organizadas em jogos verticais, formando projetos geométricos que, frequentemente, têm onda ou um look ondulado(movimento de subir e descer).

BASTING – O mesmo que alinhavo.

BASTING SPRAY– O mesmo que spray adesivo.

BATIK – Técnica de tintura que proporcionam um aspecto manchado ao tecido. Algumas áreas do tecido são cobertas com cera, formando alguns desenhos (manchas ou geométricos). Assim, a tinta não penetra nas áreas cobertas pela cera. O batik é muito famoso na Indonésia.

BATTING –1) O mesmo que enchimento. 2) É a manta ou enchimento que compõe um quilt.

BEARDING – Uma técnica em que as fibras do recheio saem para o tecido do topo ou da capa e pelo forro, através dos buracos feitos pelos pontos do quilt. Por isso, invista em um bom enchimento para não ver o trabalho perdido.

BEESWAX – Material feito de cera solidificada, como uma parafina. Quando passado na linha, reduz o embaraço e o desfiamento dela. Além disso, torna a linha macia, reduzindo sua fricção no tecido.

BETWEENS – Agulhas próprias para o quilt feito à mão. São finas e com um buraco bem pequeno, como as de alfaiate. Possuem tamanhos de 9 a 12. Lembre-se: quanto maior o número, menor e mais curta é a agulha. Quanto menor a agulha, menor o ponto. Procure as que melhor se adaptam ao seu tamanho de trabalho e ao seu estilo.

BIAS – O mesmo que viés.

BIG FOOT (GRANDE PÉ) – É o calcador colocado no lugar do pé tradicional da máquina que possibilita o quilt livre ou free motion.

BINDING – 1) O mesmo que debrum. 2) é o acabamento feito em tiras nas extremidades de uma colcha, nos cantos do quilt (canto mitrado, cego ou em curva).

BIRTHING A QUILT – É uma forma de unir a frente e o recheio do sanduíche. Coloca-se o fundo sobre a frente, direito com o direito. Costura-se margeando os lados com ¼ . Abra uma pequena parte. É como fazer uma almofada. Então, desviram-se as capas e costura-se a abertura com pontinhos invisíveis à mão. Faz-se o quilting normal, à máquina ou à mão, ou através da técnica de amarrar.

BLEEDING – O mesmo que sangramento.

BLOCK – O mesmo que bloco.

BLOCO – 1) Unidades criadas quando se costuram retalhos de tecidos. São formas quadradas ou retangulares. Podem ser em pedaços (pieced blocks) ou aplicados (appliqué blocks). Os blocos são as bases de um projeto. 2) É a unidade básica do topo de um quilt. Os blocos são normalmente quadrados, mas podem ser de outros formatos: retangulares, hexagonais etc. Eles podem ser lisos (de um tecido só), com aplicação ou compostos por partes de tecidos costurados juntos para formar um desenho. O topo de um quilt é a combinação de vários blocos.

BOBINA – Pecinha de máquina de costura, redonda, de metal ou de plástico, onde se coloca a linha que será usada para fazer o outro lado da costura(avesso).

BOM OU BLOCK OFF THE MONTH – É o chamado Bloco do mês.

BORDERS – O mesmo que bordas.

BORDA ("BORDER") – É uma tira de tecido (lisa, com aplicação ou pedaços de tecidos) costurada em volta do topo do quilt. É usada para enquadrá-lo e também acrescentar um tamanho extra. 2) Tira de tecido que faz o papel de moldura em um quilt ou em qualquer outro trabalho de patchwork. Pode ser o único pedaço de tecido ou várias tiras costuradas . Se a borda for de um único tecido, é importante que não tenha emenda.

BORDADO PERSA – Método de aplicação, em que imagem de tecidos impressos (flores, frutas, animais, etc.) são recortados e aplicadas em uma base lisa. É uma técnica popular na Europa, na qual usam-se tecidos da Ásia e da Índia.

BROADCLOTH – Pano fino de algodão, muito usado no patchwork. Possui uma tecelagem simples e normalmente lisa. A popeline e o tricoline são exemplos desse tecido.

C

CALEIDOSCÓPIO ("KALEIDOSCOPE") – Como vocês sabem, caleidoscópio é um aparelho óptico formado por um pequeno tubo, com pequenos fragmentos de vidro colorido e espelhos, que, através do reflexo da luz, apresentam, a cada movimento, combinações variadas e agradáveis de efeito visual. A técnica do caleidoscópio consiste em imitar esse efeito nos tecidos utilizando apenas um único tecido.

CALICO – Tecido de algodão de tecelagem simples e popular, impresso com um padrão pequeno e repetido. Os padrões são geralmente florais ou com pequenas folhagens. É um tecido usado em trabalhos com blocos típicos e tradicionais.

CANTO DE BORDA QUADRADA – Quadrado colocado no canto da borda do trabalho que une as laterais.

CANTO MITRADO ("MITER OU MITERED CORNER") – É o ato de unir duas bordas a 45°.

CHALLENGE (desafio) – É uma pequena competição ou um desafio de quilt. É patrocinado por um estabelecimento comercial ou distribuidor de tecidos. No desafio, o quilt é feito com determinados tecidos escolhidos pelo patrocinador.

CHAINSTITCHING OU CHAINING OU CHAIN-PIECING – É uma forma de costurar a máquina vários pedaços de tecidos sem cortar a linha entre eles, os tecidos são colocados na máquina um após o outro, isto acelera o processo e usa menos linha.

CHARM QUILT – Emenda de pequenos pedaços de tecidos(diferentes) do mesmo tamanho. Os pedaços possuem, tradicionalmente 2" e nunca são maiores que 5".

CLAMSHELL – Padrão de tecidos com ondas circulares, imitando as camas de peixe ou mariscos. Esse design é usado em aplicações e técnicas de vitral.

CORNERSTONES – Chamados de "taquinhos", são pequenos quadrados colocados no cantos das molduras que unem os blocos. É, também, chamado de sashing square.

CORTADOR CIRCULAR ("ROTARY CUTTING") – É um cortador de tecido, parecido, na aparência, com um cortador de pizza. Possui uma lâmina circular muito afiada. Usado em conjunto com a régua permite que várias camadas de tecidos sejam cortadas ao mesmo tempo, facilmente, e com grande exatidão.

CRAZY BLOCK ou CRAZY PATCH – Bloco feito com pedaços irregulares. Usam-se os mais diferentes tipos de tecidos. Como são irregulares e não seguem padrão determinado de costura, é feito um bordado nas emendas do tecido. Os bordados são diversificados. Quando vários blocos "crazy" estão agrupados, eles formam um crazy quilt. É comum usar fundações para esse tempo, , pois facilita o trabalho com tecidos e diferentes texturas.

CROSS-HATCHING – O mesmo que matelassê.

COSTURA EM CADEIA – Método para costurar peças pequenas e um bloco em cadeia, conjunto ou seções, de maneira contínua. É o mesmo que Assembly Piecing. É feito usando à máquina de costura. Para obter esse resultado, corte todos os pedaços de blocos que você irá fazer. Junte o pedaço 1 a pedaço 2 do primeiro bloco, lado direito com lado direito. Costure na margem marcada. Não corte a linha. Avance a máquina em alguns pontos e costure o pedaço 1 com o pedaço 2 do bloco 2 . Siga essa sequência até costurar todos os blocos Depois, acrescente os outros pedaços até terminar todos os blocos. Observe que os blocos estarão costurados como bandeirolas. Separe os.

D

DARNING FOOT – Pé especial para a máquina de costura usado para fazer o quilt livremente pelo tecido.

DEBRUM – Falso viés. É uma faixa na extremidade do quilt na qual termina o projeto. Em outras palavras, é o acabamento.

DENTES IMPELENTES – Mecanismo que fica debaixo do pé da máquina de costura e que puxa o tecido enquanto você costura. Quando for fazer o quilt livre, esse mecanismo deverá ser coberto.

DIY OU DO IT YOURSELF – Faça você mesma.

DISAPEARING NINE PATCH – Técnica em que o bloco Nine Patch é cortado, e as peças são trocadas de ordem.

E

EASE – É o ato de fazer dois pedaços de tecidos de diferentes tamanhos se ajustarem na mesma costura. Um pedaço deverá ser esticado para se ajustar ao comprimento necessário. Para fazer, alfinete os pedaços em intervalos até que eles se ajustem, depois costure-os.

ELETRIC QUILT – É um programa de computador (software) de design de quilt. Permite que uma quilter desenhe sua colcha (com os blocos e bordas) no computador. Encontra-se na versão "Eletric Quilt 7".

EMBROIDERY – Bordado.

ENCHIMENTO – A parte mediana do quilt e a camada que dá maciez e aspecto de acolchoado ao trabalho. No Brasil, usa-se a manta acrílica (acrilon), que pode ser encontrada em várias espessuras. Por ser de poliéster, o uso do acrilon traz algumas desvantagens na hora de lavar e de passar. Algumas quilters usam o acrilon apenas em painéis ou em alguma peça que não será lavada com frequência. Existe o enchimennto 100% algodão, de lã, de poliéster, de seda ou misto. No Brasil, algumas lojas especializadas em patchwork vendem o enchimento 100% algodão e, também, o adesivo. A espessura influencia na hora de quiltar.

F

FABRIC – Tecido.

FAIXAS DE UNIÃO ("SASHING" OU "LATTICE") – São faixas de tecido que separam os blocos de um quilt, podem ser lisas (de um tecido só) ou compostas por partes de tecidos costurados juntos para formar um desenho.

FAT EIGHT – Retalho que mede 9" x 22".

FAT QUARTER – É um pedaço de tecido que mede aproximadamente 18 x 22 polegadas que equivale a 46 x 56 centímetros. Em uma jarda (yard) de tecido., você obtém 4 fat quartes. É abreviado como FQ.

FEED DOGS – O mesmo que dentes impelentes.

FILLING ou FILLER PATTERN – Quilting (pesponto) que cobre toda a área de base do quilt.

FINGER – O mesmo que vincar.

FINISHED SIZE – Medida final de um bloco sem a margem de costura.

FIO DO TECIDO ("GRAIN") – É a direção do tecido paralela à ourela (fios verticais) ou perpendicular a ela (fios horizontais). Esses são os sentidos que menos cedem se comparado ao viés.

FLYING GEESE – Bloco formado por uma sequência de triângulos, que lembram a formação de gansos selvagens voando.

FOUNDATION PIECING – Método de montar um bloco, costurando os pedaços em uma base de outro tecido (tipo museline), que serve como uma espécie de molde – guia. Proporciona estabilidade quando se costura tecidos delicados.

FOUNDATION OU PAPER PIECING – Método para montagem de blocos em que o risco ou o modelo (template) do bloco é transferido para o papel, e os tecidos vão sendo costurados diretamente no papel, seguindo uma ordem. Esse método é muito utilizado para blocos complicados ou para miniatura. É excelente para quem gosta de precisão. Existe, hoje, papel próprio para fundação ou uma espécie de entretela.

FOUR PATCH – Bloco com múltiplos de dois ou de quatro unidades(patches) por linha.

FREE QUILTING (quilt livre) – Método de quilting à máquina com movimentos livres, em que os "feed dogs" são cobertos e a quilter guia a direção da costura. É o mesmo que stipling ou meandering.

FREE MOTION OU FREEHAND QUILTING – É o quilt livre. Neste tipo de quilting, a quilter guia a direção da costura, formando vários desenhos, de maneira livre (stipling ou meandering). Para tanto, utiliza-se o calcador big foot e baixam-se os dentinhos da máquina.

FREEZER PAPER – Material de papel vendido em rolos ou a metro, cujo molde é riscado sobre um lado do papel e o outro lado(brilhante) adere ao tecido (lado do avesso) quando passado a ferro, Essa colagem é temporária. É muito usado em aplicação. /serve como guia para os moldes e é um facilitador para trabalhos delicados.

FRENCH KNOT – Nó francês.

FRIENDSHIP QUILT – Quilt de amizade, no qual os blocos que o compõe são assinados pela autora correspondente.

FUSIBLE – O mesmo que papel termocolante.

FUSIBLE BATTING – Recheio (acrilon) termocolante.

FUSSY CUT – Meio de isolar as áreas impressas de um tecido. Recortar uma gravura de um tecido para usá-la em um bloco. Usualmente, recortam-se flores. Frutas, animais, etc. É uma forma divertida de adquirir novas imagens, porém dispendiosa.

G

GRAIN – O mesmo que fio do tecido.

K

KALEIDOSCOPE – O mesmo que caleidoscópio.

L

LATTICE – O mesmo que faixas de união.

LOFT – É um termo que se refere à espessura e a elasticidade do enchimento do quilt. Uma espessura alta (high-loft) é mais grossa e mais fofa do que uma baixa (low-loft).

M

MATELASSÊ ("CROSS-HATCHING") –1) É um tipo de quilting formado por linhas equidistantes paralelas feitas nas duas direções formando uma grade de quadrados ou losangos. 2) Padrão de "quilt" em linhas paralelas e equidistantes, que correm em direções opostas, formando uma espécie de "rede" de quadrados (45º) ou losangos (60º).

MARGEM DE COSTURA ("SEAM ALLOWANCE") – É a distância entre a linha de costura e o final do tecido. Para os projetos em polegadas equivale a ¼" e para os em centímetros 0,75 cm.

MEDALHÃO ("MEDALLION QUILT") – É o topo de um quilt com um motivo central, enquadrado por múltiplas bordas.

MITER OU MITERED CORNER – O mesmo que canto mitrado.

MOLDE ("TEMPLATE") – É um modelo feito de plástico ou papel usado para traçar e cortar pedaços de tecidos para piecing, aplicação ou para transferir um desenho para o topo para quilting.

MORIN ("MUSLIN") – É um tecido liso, normalmente não tingido que pode ser branqueado ou não.

MOTIVO ("MOTIF") – É a imagem usada em um tecido impresso, em um bloco ou em uma aplicação, por exemplo um motivo de coração ou o motivo floral.

N

NINE PATCH – Bloco feito de nove quadrados.

O

ON POINT – É um tipo de layout onde os blocos se encontram girados como diamantes, as quatro pontas dos blocos se encontram nas posições 12, 3, 6 e 9 do relógio.

ONE-PATCH – Qualquer topo de um quilt feito apenas com um tipo de figura, como hexágonos, quadrados, triângulos ...

OURELA – É a borda lateral do tecido no sentido do comprimento, em que está gravado o nome do fabricante e a coleção.

P

PAP – É o passo a passo (a receita) de um projeto. Pode ser chamado também de Tutorial, Patterns ou SBS (step by step).

PAPEL TERMOCOLANTE ("FUSIBLE WEBBING") – 1) É um papel que ao entrar em contato com calor (ferro quente) se torna um adesivo. Podem ser colantes de um lado só ou dos dois. São usados para estabilizar tecidos finos ou para colar partes de uma aplicação no tecido de fundo. 2) É usado para aplicação e facilita muito a confecção de peças pequenas e ou com muitas curvas, em que um lado do papel é colado, através do ferro de passar, no avesso do molde, que é colado na base(com o calor do ferro de passar). A qualidade do material e a forma influenciam muito no resultado final.

PAPER PIECING – O mesmo que Foundation.

PATCHWORK OU PIECEWORK – 1) É um termo genérico para o processo de costurar pequenos pedaços de tecidos, a fim de fazer um quilt. 2) É uma palavra de origem inglesa, traduzindo:
- Patch: retalhos de tecidos, remendos ou peças. Também chamado de piece.
- Work: trabalho. 3) O trabalho feito a partir de retalhos de tecidos, unidos por meio de técnicas diversas, criando-se vários tipos de desenhos/ padronagem. 4) O processo de costurar unindo pedaços (pieces) de tecidos para formar uma peça maior (blocos).

PIECE OU PATCH – É um pedaço de tecido que será costurado a outro para formar um bloco ou ser usado sozinho, como no caso do one-patch.

PIECING – É o processo da junção de pedaços de tecidos para fazer um bloco ou uma borda ou o topo do quilt.

PIN BASTE – O mesmo que alfineto de segurança.

Q

QUILT – É o trabalho finalizado e pronto, composto pelas 3 camadas: topo, manta/enchimento e forro. São colchas, cobre-leitos, almofadas, mantas para sofá, panôs, trilhos de mesa, toalhas e etc... Na foto acima, temos um quilt (colcha).

QUILT LIVRE ("FREEHAND QUILTING" OU "FREE MOTION QUILTING") – 1) É o quilting feito à máquina usando suas próprias mãos para guiar o desenho, para fazer um quilt livre é necessário estar usando o big foot e baixar os "dentinhos" da máquina. 2) Essa é a forma livre de quiltar. Para tanto, abaixamos os "dentinhos" da máquina e substituímos o seu pé pelo calcador chamado big foot. Isso lhe permitirá uma grande mobilidade para deslizar seu trabalho, formando desenhos. Essa técnica de quiltar é mais complexa e exige muito treino.

QUILTING – É o processo de costurar a mão ou à máquina as camadas do quilt (topo, enchimento e forro) fazendo um desenho para acrescentar beleza ao quilt, mas principalmente manter as camadas juntas.

R

ROTARY CUTTING – O mesmo que cortador circular.

S

SAMPLER QUILT – É um quilt pieced composto por vários blocos diferentes e não um bloco único repetido.

SANDUÍCHE ("SANDWICH") – É o termo utilizado para se referir às três camadas de um quilt (topo, enchimento e forro).

SANGRAMENTO – Estado de um tecido que solta tinta, manchando outro tecido. Por isso é importante lavar todos os tecidos antes de usá-los Ao lavarmos um tecido que "sangra", devemos colocar sal na água até sair toda a tinta.

SASHING – O mesmo que faixas de união.

SEAM ALLOWANCE – O mesmo que margem de costura.

SEMINOLE – É uma técnica simples, que permite muitas variações, onde são formados desenhos geométricos, em sequência.

SET – É a maneira em que os blocos são posicionados em um quilt. Eles podem estar em linha reta ou na diagonal.

SPRAY ADESIVO – Tipo de spary aerosol adesivo temporário que fixa o quilt topo, enchimento e o forro, na etapa do quilting (à máquina ou à mão). É muito usado para fixar peças de aplicação.

STRIP-PIECING – Criação de desenhos pieced usando tiras de tecido costuradas juntas, cortadas transversalmente e depois costuradas novamente para formar o desenho.

T

TEMPLATE – O mesmo que molde.
TEMPLATE-FREE – É o método de cortar os pedaços de tecidos utilizando a régua como guia em vez de moldes.

TIED-QUILT – É uma maneira de manter as três camadas (topo, enchimento e forro) juntas utilizando pedacinhos de tecido ou fios em vez de pontos de costura do quilting.

TOPO ("QUILT TOP") – É a camada decorativa de um quilt, fica na posição mais alta. Pode serpieced, aplicada ou uma combinação das duas, com ou sem bordas.

U

UFO OU UN FINISHED OBJECT – São aqueles projetos que iniciados não foram finalizados.

V

VIÉS ("BIAS") – É a diagonal de um tecido. Um viés verdadeiro está a um ângulo de 45°em relação à longitudinal e à transversal do tecido. É o fio do tecido que mais cede, portanto devemos ter um cuidado extra ao trabalhar nesse fio.

VINCAR – Apertar ou bater a costura usando a ponta do dedo ou com um bastão de madeira ("ferro frio").

VIRADA DA AGULHA – É a técnica de aplicação à mão, usando-se ponto invisível, onde à medida em que vai se dando o ponto invisível, vai se virando o tecido para dentro. O efeito final é muito bonito, e parece que a costura foi feita toda por dentro da figura aplicada.

W

WALKING FOOD – É um pé de máquina especial utilizado para costurar o sanduíche de um quilt. Ele controla a camada superior (topo) enquanto os feed dogs controlam a camada de baixo (forro).

WIP OU WORK IN PROGRESS – Significa que algum novo projeto está em andamento, está sendo executado.

Moldes Porta-pano de Galinha - página 80

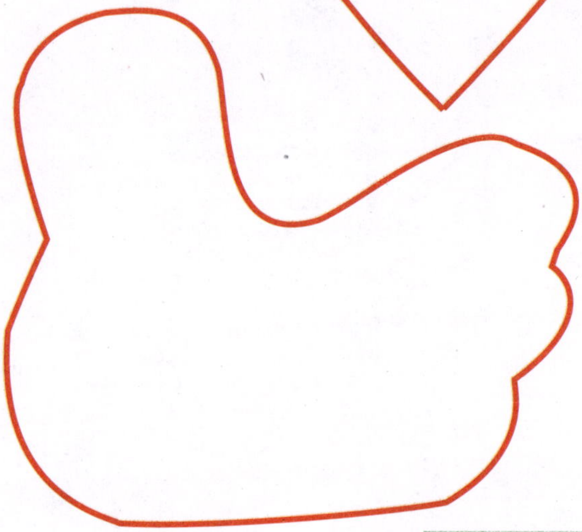

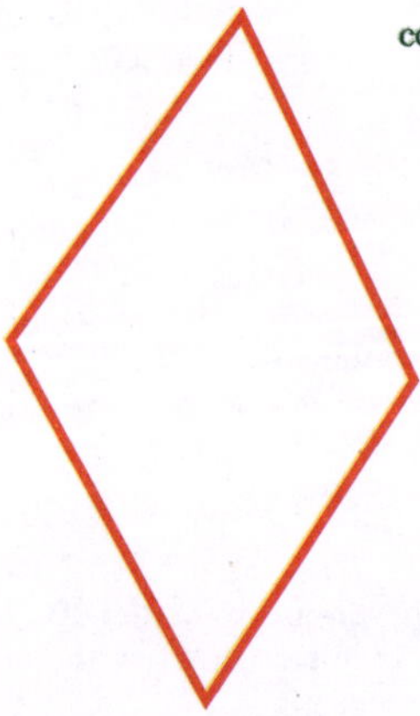

Molde Coruja do Porta Papel Higiênico - página 66

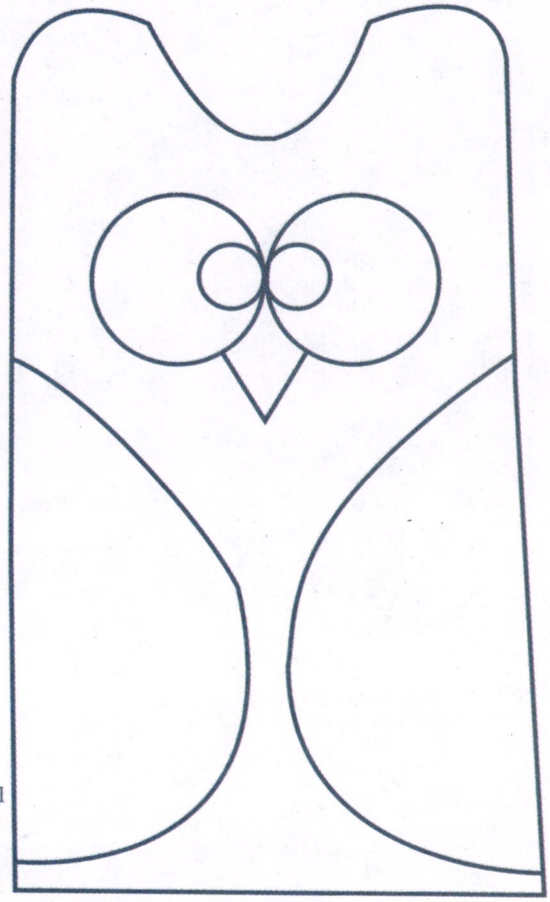

Molde Almoada com a técnica quillow - página 28

NOSSOS COLABORADORES DESTA EDIÇÃO!

Ateliê da Flávia
Facebook: Ateliê Flávia
Avenida Águas de São Pedro, 338, Vila Paulicéia. São Paulo, SP

Claudia Haraguchi, da Presentes de Pano
www.presentesdepano.com.br
Facebook: Presentes de Pano

Edna Gama
Tel.: (11) 99356-4175
www.tudoarte.com.br/ednaartesanato

Eliana Candido
Tel.: (11) 99968-3364

Fabiana Roza
Tel.: (11) 9 7220-9922
Ateliê Fofurices – Feltro & Cia
Insta: @atelie_fofurices_byfabyroza
Face: ateliefofuricesbyfabyroza

Lia Toledo
Tel.: (11) 9 6322-6611
Face: Lia Toledo Artes Manuais

Luciana Pumputis
Tel.: (11) 97262-0334
Facebook: Luciana Pumputis Pontos e Encontros Oficial

Márcia Satiko Patchwork
www.facebook.com/MarciaSatiko.Patchwork/

Maura Castro, do Ateliê Maura Castro
Tel.: (11) 99150-9811
E-mail: maurascastro@terra.com.br

Nina Barcia
Face: Ateliê Nina Barcia
Tel.: (11) 9 8600-2383
Blog: atelieninabarcia.blogspot.com.br

Patrícia Muller
Ateliê Casa de Pano
Tel.: (47) 3035-1188
Face: ateliecasadepano

Paula Kondo
E-mail: paulakondo@hotmail.com

Silvana Ziolli
Tel.: (11) 9 7330-1002
silvanafazi@hotmail.com

Vanessa Barreta
Facebook: Patchgatinhas
E-mail: van_net@terra.com.br

PARTICIPAÇÃO ESPECIAL DE:

Dotan – Ateliê na TV
www.ateliecomvoce.com.br
Tel.: (11) 99945-2797
Programa de artesanato na REDE VIDA às 10h50
Insta: @atelienatv

AGRADECIMENTOS ÀS EMPRESAS:

IRENE FRENSEL PATCHWORK
Tesouras e cortadores especiais para patchwork
www.facebook.com/irene.frensel

Divina Arte de Transformar
Réguas especiais para patchwork
www.facebook.com/DivinaArtedeTransformar/
www.divinaartedetransformar.com.br
divinaartedetransformar@gmail.com

PEGORARI TÊXTIL
Mantas para patchwork
Tel.: (19) 3913-9930
www.pegorari.com.br

PONTO X Tecidos
Tels.: (11) 2291-3191; 2291-7688
www.pontoxtecidos.com.br

Foto: Fernanda Venâncio Criação: Teka Carvalho Modelo: Barão

O PATCHWORK DA VIDA...

Colcha de Retalhos

"A VIDA É UM CONJUNTO DE VIVÊNCIAS.
COMO UMA COLCHA DE RETALHOS;
COSTURADA PELO DESTINO, CAPRICHOSO.
QUE COM A AJUDA DAS NOSSAS ESCOLHAS
FORNECE A LINHA PARA A COSTURA.
TODOS OS PEDAÇOS LIGADOS POR ESTA LINHA
DE FIOS INDESTRUTÍVEIS.
DIFÍCIL IMAGINAR UM SER HUMANO QUE
NUNCA PAROU E SE PERDEU,
ALISANDO OS RETALHOS DESTA COLCHA QUE
É SUA VIDA.
QUANTAS CORES POSSUEM ESSES RETALHOS!
QUANTO SOM OUVIU DE CADA UM DELES!
DO PRIMEIRO A INOCÊNCIA DA INFÂNCIA.
SEGUIDOS DE CADA MUDANÇA DE NOSSO SER.
OLHAMOS CORES DA ALEGRIA, SOM DE RISOS.
NOSSOS RISOS; PRESOS NO MEIO DE
TANTAS OBRIGAÇÕES.
CADA UM COSTURADO AO LONGO DO CAMINHO.
CADA MISSÃO COMPLETADA. CADA CARGA
CARREGADA.
QUANTOS RETALHOS!
QUANTAS EMENDAS!
QUANDO USEI ESSE TECIDO COLORIDO ALEGRE?
QUANDO USEI ESSE TRISTE, EU ME LEMBRO...
NOSSA QUANTA ESCURIDÃO NESSE PRETO
DISFARÇADO DE AZUL!
E FINALMENTE A PREOCUPAÇÃO.
QUANTO RETALHO FALTA PARA A FINALIZAÇÃO?
DESEJANDO UM ARCO-ÍRIS PARA COLORIR
ESSA ILUSÃO.

Su Aquino

On line EDITORA
IBC – INSTITUTO BRASILEIRO DE CULTURA LTDA
Avenida Juruá, 762 – Alphaville Industrial
CEP. 06455-907 – Barueri/SP
www.revistaonline.com.br

Coordenador de Arte: Rubens Martim

Colaboraram nesta edição:
Edição e texto: Aline Ribeiro • **Arte e Projeto gráfico:** Angela Cordoni Houck (Faho Comunicação Visual) • **Produção:** Elaine Simoni • **Fotos:** Carla Paraízo e Fernanda Venâncio

Vendas: Tel.: (11) 3393-7723 (vendas@editoraonline.com.br)